季節で綴るフィンランド 216

魅力あるカルチャーと
自然とともに暮らすおだやかな日常

―――――

ラサネン優子

はじめに

　フィンランドには豊かな森とたくさんの湖があり、人々はその自然
とともに暮らしています。この本では私が暮らす首都ヘルシンキを中
心に、フィンランドの季節ごとの魅力をご紹介します。

　4月後半から少しずつ足音が聞こえてくる「春」、花が咲き乱れる
美しい「初夏」、フィンランド人にとって輝かしいパラダイスである「夏」、
紅葉やきのこ狩りを楽しめる短い「秋」、太陽がほとんど見えない極
夜がはじまり室内で過ごす時間が長くなる「初冬」、クリスマスを待ち
わびる寒さきびしい「真冬」、氷と雪の世界が広がる「晩冬」——。7
つの季節に分けて、何気ない日々のシーンを綴っています。この地で
暮らす人々の様子、習慣や行事、季節の花々や美しい自然風景、さ
らに歴史を感じられる建築物や魅力あるデザイン、郷土料理やお菓
子など幅広く取り上げています。

　10代から海外で暮らし、さまざまな国を訪れるなかで、フィンラン
ドの澄んだ空気と静けさ、美しい自然とおおらかなライフスタイルに
魅了されました。はじめて広大な湖に浮かんで心身ともに癒された時
の感動は、今でも強く心に残っています。ページをめくりながら、み
なさんにも豊かな自然に囲まれたフィンランドのおだやかで心地いい
暮らしを味わっていただけたらうれしく思います。

Kevät

春

フィンランド人女性はたくましい no.001

　3月8日はNaistenpäivä（国際女性デー）。女性の平等な社会参加を呼びかける日で、女性同士、または男性から「おめでとう！」と声をかけられます。フィンランドは1906年、ヨーロッパではじめて女性に参政権を与えた国で、世界初の女性国会議員はフィンランド人です。近年、全議員の半分弱が女性議員です。

　フィンランドはロシアとスウェーデンの占領下にあった複雑な歴史を持ち、資源に恵まれずとても貧しい国でした。少ない人口で高い税金を納め、国を支える必要があったため、たくさんの労働力が必要でした。そのため、ジェンダーに関係なく女性も男性と同じように肉体労働などをして働かなければなりませんでした。現在でも女性の就職率は高く、特別な事情がない限り専業主婦は一般的ではありません。フィンランドの女性は、「かわいい」よりも自立した「強い」「かっこいい」というイメージを好む人が多いようです。

新鮮な花を買うなら生花店で no.002

　長くて寒い冬のフィンランドでは、手に入る花の種類が極端に少なく、値段も高いため高級嗜好品です。オランダなど遠くから輸入されるため、スーパーマーケットの花売り場の店頭に並ぶ時点で枯れはじめていたり、あまり日持ちもしません。そのため、スーパーマーケットより高品質の花を取り扱うKukkakauppa（生花店）で買うのがおすすめ。ヘルシンキの街角にいくつもあります。

　手頃な値段で買えて長く楽しめるチューリップが人気です。国産が出まわるのは、クリスマス頃から3月までと限られた季節のみ。庭で摘んだようなナチュラルでエアリーなブーケが、フィンランド人の好みです。特別なお祝いごとに花を贈る人はいますが、フィンランド人はロマンティックというよりどちらかというと実用性を重視する人が多いと感じます。そのため、恋人に花を贈るという行為は一般的ではないようです。

春を告げる小さな野花

no.003

　待てど暮らせど、なかなか来る気配がないフィンランドの春。雪が降り積もったり溶けたりを繰り返しながら、4月後半になると少しずつ春の足音が聞こえてきます。長くきびしい冬をやり過ごした人たちは、春の到来を心待ちにしています。散歩へ行く服装も少しだけ身軽になり、庭や森で「春の星」という意味を持つKevättähti（チオノドクサ）を見つけると、近くに寄って、声をあげて喜びます。森一面に群生する明るい青色の花は、ひと際存在感があります。

　きびしい冬を乗り越えたのは人間だけでなく、動物や植物も同じ。雪で覆われていた大地がゆっくりと姿をあらわし、小さな花が顔を出す様子は愛らしく、たくましい生命力を感じます。三角草、クロッカス、スノードロップなどの小さな花たち——。春の訪れを告げる野花が、森をにぎやかに彩ります。今年も元気に咲いてくれてありがとう。そんな気持ちになります。

かわいらしい庭の訪問者

no.004

　春の日差しが感じられるようになると、庭先や道端の茂みに、立派な風格の野ウサギが姿をあらわします。Rusakko（ヤブノウサギ）と呼ばれ、Pupuの愛称で親しまれています。マリメッコのデザインにも登場するほどの人気ものです。

　細長いけれどたくましい足でぴょんぴょんと飛び跳ねて自由に走る姿は、強靭な陸上選手のよう。長い耳をピンと張ってまわりを警戒します。草を食べていたかと思えば素早い走りを見せ、その敏捷さにいつも感心します。かわいいというよりもかなり野性的。けれど冬から春にかけて雪の上についた小さな足跡を見ると、ほっこりとした気持ちになります。夏の夜には、庭に数羽集まり一心に草を食べる夕食タイムに遭遇することも。庭の木々の枝をかじることもあり、住民は木のまわりに柵をつくって対処しています。

生活に根づくリサイクル文化　　no.005

　ヘルシンキの住宅街には、不要になった衣類やバッグ、靴、アクセサリー、子どものおもちゃなどを寄付することができる回収箱が設置されています。1987年に設立されたフィンランドの民間非営利団体UFFが運営していて、回収されたものは、国内に20店舗以上あるUFFのリサイクルショップや、世界各国で販売され、毎年100万人以上がこれらの品々を購入しています。

　回収箱に入れていいのは綺麗な状態のものに限り、洗濯をした上で袋に入れ密封し投函するのがルール。住宅街に設置されているので、多くの人が手軽に利用できます。捨てるのはもったいない、誰か必要な人に使ってもらいたい時にとても便利で、私も積極的に利用しています。服を1着買ったらこの回収箱に1着投函するようにして、ものを増やさない暮らしを心がけています。

仮装した子どもたちがやってくる　　no.006

　3月末から4月にかけて、Pääsiäinen（イースター）の季節になると、街中の店では色とりどりのチューリップや黄色い水仙の花、そしてウサギやヒヨコ、卵形をモチーフにした商品が数多く並びます。この時期欠かせない伝統菓子がMämmi。ライ麦とモルトを発酵させたペースト状のお菓子で、生クリームをかけて食べます。見た目や食感、味も独特で、フィンランド人でも好みが分かれます。

　学校や会社は休みになり、家族で春を祝います。イースターの1週間前の日曜日になると、子どもたちは魔女やウサギの格好をして近所をまわり、カラフルな羽毛を飾りつけたネコヤナギの小枝を振りながら、幸運を祈る呪文を唱えます。その小枝を渡すかわりに、お菓子をもらいます。

犬と歩む豊かな人生   no.007

　犬と暮らし、「パートナーは犬」という人が少なくありません。犬や猫を売るペットショップはなく、ブリーダーや保護施設から家族として迎えられます。シェパードやラブラドールなどの大型犬が多く、身近にある自然のなかでのびのびと暮らしています。ヘルシンキ中心部には整備されたドッグランのスペースがあり、大型犬、小型・中型犬と犬のサイズによって分けられている場合もあります。たいていの賃貸アパートは犬や猫と一緒に暮らすことができ、海には犬専用のビーチがあり、公共交通機関も犬の同伴が可能です。飲食店でも同伴できるところが増えていて、スーパーマーケットでは犬専用のカートが登場し、犬と一緒に食品の買いものができるようになりました。ペットというよりも、まさに人生のパートナー。大切な家族の一員です。
　4月24日はKoiranpäivä（犬の日）。この日はすべての犬の飼い主が、愛犬と素敵な一日を過ごすように推奨されています。

黄色づくしのクレイジーセール   no.008

　フィンランド最大手のデパートStockmann（ストックマン）では、年に2回、4月と10月にHullut Päivät（フゥルット パイヴァト）（クレイジーデイズ）という大セールが開催されます。黄色い風船や黄色いTシャツを着用した店員で黄色一色に。街も黄色の紙袋を持ち歩く人でいっぱいになります。セール期間中は毎日お買い得商品が並びます。このお祭りのようなセールは大人気で、多くのフィンランド人が事前にほしいものを調べてこの機会に買いものをします（秋は早々とクリスマスプレゼントを買う人も！）。

　セール初日の開店時間は、なんと朝7時！　多くの人が気合を入れて仕事前に立ち寄り、ほしいものを手に入れます。食品売り場の人気商品は、セールのイメージキャラクターであるHaamu（ハーム）（オバケ）をかたどったドーナツ。なかにバナナクリームが入っていて、黄色いコーティングがされてキョロッとした目がかわいい。季節を感じられる買いもの風景です。

生活に欠かせない白樺の木 no.009

　Koivu（白樺）は、真っ直ぐのびた白い幹に清涼感のある緑色の葉っぱをまとっています。冬の間は灰色の枝も、夏になると真っ白に変化するから不思議。風が吹くと葉っぱが擦れあいカサカサとやさしい音がして、ずっと聴いていたいほどリラックス効果があります。白樺は1988年に国民投票で国樹に選ばれ、暮らしに欠かせない身近な存在。サウナで体を叩くのに使う枝の束Vihta(ヴィヒタ)や、アアルトの家具に使われたり、キシリトールの原料でもあります。白樺が所狭しと立ち並ぶ風景をKoivikko(コイヴィッコ)と呼び、フィンランド人にとって、いつもそばにある心落ち着く風景です。

　そんな生活の一部になっている白樺ですが、ようやく太陽が顔を出し、みんなが外に出たい気持ちが高まる4月末から5月にかけて、花粉の飛散がもっとも増えます。フィンランド人の20％が花粉アレルギーに悩まされています。

白い帽子とともに春を祝う　　no.010

　5月1日は、Vappu（メーデー）で祝日です。前日には、街で学生や労働者を祝う伝統行事が行われます。例年この時期のヘルシンキは雪が舞うことがあるほど肌寒く、暖かいコートを着込んだ大勢の人たちが通りを埋め尽くします。ヘルシンキ中心部にあるハヴィス・アマンダ像を大学生たちが水をかけて豪快に洗い、高校卒業時にもらえる白い学生帽をかぶせてお祝いします。自分たちも白い学生帽をかぶりワインボトルを片手にお酒を飲み、お祭り騒ぎ！　パーティーは翌日まで続き、道路には空き缶や割れたビンが散乱します。

　ヴァップ当日は老若男女、白い帽子をかぶって友人たちと集まり、風船や紙テープで店内を飾ったレストランでシャンパンを飲みながら、優雅にブランチを楽しみます。けれどもっとも伝統的な過ごし方は、海辺にあるカイヴォプイスト公園でピクニックをすることです。

揚げものと炭酸でパーティー   no.011

　メーデーにはTippaleipä（ティッパレイパ）という伝統菓子を食べます。毛糸をくるくると巻いたような形で、カリントウのような食感。さらに砂糖をたっぷりとまぶしたMunkki（ムンッキ）（ドーナツ）などの揚げたお菓子を食べる習慣もあります。どれも油で揚げている上に砂糖がたっぷりとまぶされているので高カロリー。けれどこの日ばかりは気にせずにいただきます。一緒に飲むのはSima（シマ）というレモンと砂糖、水、イーストで発酵させた甘いレモネード。自宅で簡単につくれて、シュワッとさわやかなレモンの風味がおいしい。

　一風変わったフィンランドならではの習慣で、冬には見られない陽気な人々の笑顔であふれます。この国の人たちにとって待ちに待った春の訪れは、何にもかえがたいほどの喜びのようです。みなさんも楽しいメーデーを過ごしましょう。"Hauskaa Vappua!（ハウスカー ヴァップア）（楽しいメーデーを！）"

こんにちはのバラエティー　　no.012

　日常で使われるフィンランド語のあいさつの表現は、さまざまな言い方があります。「こんにちは」もていねいなものから「やあ」のようなカジュアルな表現、方言まであります。

**標準語、
もっともていねいな表現**

フゥヴァー パイヴァー
Hyvää Päivää
パイヴァー
Päivää
テルヴェ
Terve
テルヴェドゥス
Tervehdys
ヘイ
Hei

**カジュアル、
友達同士で使う表現**

モイ
Moi
モイッカ
Moikka
モロ
Moro
ヘイッパ
Heippa

ヘイッサン
Heissan
ヘロウ
Helou
モリィエンス
Morjens
モリィエンスタ
Morjensta

キートスの言い方　　　　　　　　no.013

　キートスはフィンランド語の「ありがとう」。フィンランドで生活していると、この言葉をいったりいわれたりする場面がとても多く、いろんな表現があります。

キートス
Kiitos ——「ありがとう」。基本の形でもっともよく使用します。

キートス　パリヨン
Kiitos paljon ——「ありがとうございます」。よりていねいな表現。

キートクシア
Kiitoksia ——カジュアルな表現。

キィーッティ
Kiitti ——くだけた口語。友達同士の会話や、スーパーマーケットやカフェの若い店員などがカジュアルに使用。

キートクシア　　　パリヨン　キートクシア　　キートクセット　　スールキートクセット
Kiitoksia／Paljon kiitoksia／Kiitokset／Suurkiitokset
——「ありがとう」の複数形。many thanks, thanks a lotに相当。

美しいその姿に見惚れて

no.014

　1908年、ヘルシンキのマーケット広場のそばに、Havis Amanda（ハヴィス アマンダ）が建てられました。愛称はManta（マンタ）。毎年5月1日のメーデーをはじめ、フィンランドがアイスホッケー世界選手権で優勝した時などもマンタに多くの人が集まり、像に上ったり、噴水に裸で飛び込んだりするため、フィンランドいち有名な噴水の像として、街の象徴になっています。フィンランド人彫刻家のVille Vallgren（ヴィッレ ヴァルグレン）によって制作されたもので、銅が用いられ、噴水は花崗岩製、美しいアール・ヌーヴォー作品として親しまれています。

　海の方角を見つめるエレガントな姿のマンタの足元を魚が取り囲み、口から勢いよく水しぶきを上げ、そのまわりにアシカの像が佇んでいます。1年をかけた修復作業が終わり、2024年8月に美しい姿でこの場所に戻ってきました。待ち侘びていた多くの市民がマンタの帰りをお祝いしました。

母の日には白い花を

no.015

　5月に入ると、森のあちらこちらで小さな白い花Valkovuokko（ヤブイチゲ）が元気よく咲きはじめます。母の日が近づいてきたことを知らせる花です。フィンランドでは母の日に、子どもたちが森でこの花を摘んできて、母親に贈る習慣があります。食卓のガラスの花瓶にそっといけると美しい。

　母の日の朝は子どもたちが朝食をつくり、トレイにのせて母親のベッドまで運びます。日々の感謝の気持ちを込めて、いつもより少しゆっくりと朝の時間を過ごしてもらいます。独立した子どもたちはレストランでブランチをごちそうしたりして、みんなで食卓を囲むのが定番。家族と過ごす時間を何より大切にするフィンランドの人たちにとって、母の日も父の日もかけがえのない日です。5月第2週の日曜日がÄitienpäivä（母の日）。"Hyvää äitienpäivää!（母の日おめでとう！）"

多様化する家族のカタチ　　no.016

　フィンランドでは籍を入れずにパートナーとして一緒に住むAvoliitto（アヴォリィートット）が主流で、そのまま子どもを産み育てます。なかには結婚Avioliitto（アヴィオリィートット）という形を選ぶカップルもいますが、宗教上の理由やどちらかが移民としてこの国に住んでいる場合が多いように感じます。婚姻後は別姓、パートナーの姓に変更、自分と相手の姓を合わせて自由な形で名乗るなどの選択肢があります。別姓を選択する女性は4割ほど。

　また結婚したカップルの半分は、離婚に至ります。離婚後は婚前契約の内容にもよりますが、共同親権となり、一般的に子どもは1週間ごとに父親、母親の家を移動しながら暮らします。子どもが家を行き来しながら生活するのは、フィンランド社会ではごく普通のこと。ちなみに父親も育児休暇を取るのが当たり前で、父親のほうが母親よりも幼少期の子どもと過ごす時間が長いというデータもあるほど、出産から父親が一緒に子育てをします。同性婚も認められています。

極北の地でお花見を   no.017

　東ヘルシンキのロイフヴオリ桜公園は、ヘルシンキにいながらにして日本を感じられる場所。日本庭園があり、毎年5月には綺麗な桜が咲き誇り、桜祭りが盛大に開催されます。立派な鯉のぼりも上げられます。おにぎりなどの日本食の屋台が出るほか、音楽や武術のショーなどがあり、開花期間中の花見客は5万人以上。フィンランドでいちばんの桜の名所です。フィンランド人にも「Sakura」や「Hanami」という日本語が認知されていて、そのまま使われています。ピンク色の桜は淡く澄んだ青い空に映えて、人々の心を癒してくれます。桜を愛おしむことは、日本人だけでなくフィンランド人にとっても特別。日本の花見文化が、フィンランド人にも浸透し親しまれているのはうれしいことです。

　親日家が多いこの国では、桜のほかにも、漫画やアニメをはじめ、ゆず、抹茶、寿司、森林浴などの日本語も広がりを見せています。

モミの木の新芽のハーブティー　　no.018

　クリスマスツリーでおなじみの針葉樹といえば、Kuusi（モミの木）。そのKuusenkerkkä（新芽）は、ビタミンも豊富で栄養満点のスーパーフードとして知られています。

　触ったらちくちくしそうな見た目でちょっと近寄りがたい感じがしますが、新芽は若葉のように若草色をしていて、とてもやわらかいのが特徴です。収穫時期は短く、新芽の色が濃くなったら食べ頃を過ぎたサイン。モミの木は身近にある木で、フィンランド人は散歩途中に、新芽を摘んでは口に運びます。私はハーブティーのようにお茶にして飲むのがお気に入り。喉を守る効果が期待できるシロップも、昔から家庭でよくつくられているそう。さわやかな酸味が感じられ、炭酸で割ったり、サラダやヨーグルトに入れたりいろんな味わい方があります。春の訪れを喜びながら、植物の新芽のパワーをもらい、健康的に暮らしたいものです。フィンランドの森の恵みに感謝。

帰ってきたなとホッとする場所　　　　　no.019

　建築家Eliel Saarinen(エリエル サーリネン)が設計し、1919年に完成したヘルシンキ中央駅、Helsingin päärautatieasema(ヘルシンギン パーラウタティエアセマ)は高さ48.5mの時計塔がひと際目を引きます。駅の外装はフィンランド産の花崗岩でつくられ、ナショナル・ロマンティシズム（北欧古典主義）の駅構内は天井が高く、アーチ型の窓からはやわらかな光が差し込む開放感のある空間です。季節によって細部の繊細なデザインの見え方が異なるのがおもしろい。冬から春のはじめの昼間でも、薄暗い時期は天井から吊るされた照明の光が一層際立ちます。

　中央駅からは空港行きや近・長距離電車、夜行列車が発着し、1日およそ20万人が利用します。金曜日になると、地方へ帰省する人や旅行客、兵役中の兵士が大きな荷物を抱え、この駅を足早に通り過ぎていきます。国内外の旅行を終え戻ってくると、このコンパクトであたたかい光が灯る駅舎が迎え入れてくれホッとします。

中央駅の見張り番たち no.020

　ヘルシンキ中央駅のアーチ型の正面入口には、左右2体ずつ、4人のKivimiehet（石男たち）が見張り番のように佇んでいます。1914年に彫刻家のEmil Wikströmによってデザインされました。花崗岩でつくられた石像は筋肉質な体形で、手にはLEDランプを持ち、夜の街に灯りをともします。この石男たちは重要な役割を担っていて、その時々の社会や時事を表現します。例えば、パンデミックにはマスクを着けたり、フィンランドサッカー代表の重要な試合には国旗のユニフォームを身にまとったり。有名なアメリカのロックバンドKISSがコンサートを開催した際には、仮面をかぶって歓迎しました。さらには、フィンランドの国鉄（VR）の人気イメージキャラクターでもあります。前を通るたびに4人は元気かな、とつい見上げてしまいます。

合理的なゴミ箱と回収スタイル　　no.021

　フィンランド人の環境への意識は高く、生活のなかで分別とリサイクルが根づいています。ヘルシンキのほとんどのアパートの敷地内には、大きな地下収納型ゴミ箱が設置されています。ゴミ箱は直径2m、深さ3mほどあり、地下にゴミがたまる構造。外から見えないので街の景観が損なわれず、寒い気候もありにおいに悩まされることもありません。カモメなどの鳥にゴミ袋を荒らされる心配もありません。ゴミ箱は、リサイクル紙やビン、生ゴミ、プラスチックなど約7種類に分かれていて、24時間いつ出してもOK。

　ゴミ収集は週に1～2回。ゴミ箱の蓋をはずした後、収集車がクレーンで上からゴミが入っている袋をつまんで荷台の上に持ち上げます。袋の底には結び目がありそれを紐解くと、荷台の上で袋の底が抜けて、中身が落ちる仕組み。収集作業は自動化されている部分が多く、作業員の負担も少なめです。

Alkukesä

初夏

華やかなMarimekkoデー　　　　　　　　no.022

　まだ肌寒くてコートを羽織った人も多い5月中旬。毎年一日限りのマリメッコデーMarimekko-päiväがあり、ヘルシンキ中心部にあるエスプラナーディ公園でマリメッコの春夏新作ファッションショーが開催されます。不思議なことに、この日は例年晴れることが多く青空が広がります。ショーを心待ちにしている人も多いので、マリメッコ・マジックかもしれません。会場はマリメッコを自由に着こなしたたくさんの人であふれ、かなりのにぎわいを見せます。日本で人気のウニッコ柄は、フィンランドで身に着けている人は意外と少ない印象で、ヨカポイカのシャツなどよりシンプルなデザインをよく目にします。

　このイベントを皮切りに、夏に向かう高揚感が一気に高まります。多くの人は、ショーの後に公園そばのフラッグシップショップへ立ち寄り、ショーで気に入った春夏服を買うのがお決まりのパターン。街中がマリメッコに染まる華やかな一日です。

カラフルなドレスを身にまとって   no.023

　長い冬の間は、冷たい外気に肌が触れないように、完全防備で真っ黒な重いダウンジャケットや帽子、手袋などを着込むため、その反動で、夏は解放感があり1枚でサラッと着られる身軽なワンピースが好まれます。マリメッコの大柄やカラフルなデザインのロング丈のワンピースを身にまとい、満足気な表情で街を颯爽と歩く人々の姿が印象的。夏でも朝晩は10度前後と冷え込むので、上にはレザージャケットやトレンチコートを羽織るスタイルを多く見かけます。

　さすがフィンランド生まれのブランド、マリメッコの柄はフィンランド人によく似合うといつも感心します。合わせる靴は、ヒールのないフラットなサンダルやスニーカーを履いて動きやすさを重視。またヨガウェアなど体のラインにフィットするスポーティーなファッションも、若い世代を中心に支持されています。流行りや年齢に関係なく、自分の好きな色、好きなものを着ます。

幸せをもたらす可憐な花 no.024

　湿地の森に所狭しと咲き誇るKielo(スズラン)は、フィンランドの国花です。散歩途中に少しかがんで地面をのぞき込むと、さわやかな緑の葉っぱの下に、隠れるように真っ白いコロンとした可憐な花がたくさんぶら下がっている姿を目にすることができます。自宅で楽しむ分だけ分けてもらい、花瓶に飾ってほのかな香りを楽しみます。

　涼しげで美しいキエロは、古くから初夏の訪れを感じさせる花として、フィンランド人に愛されてきました。結婚式の新婦が持つブーケのなかに入っていることが多く、またその昔、女性の名前につけられていたこともありました。切手の絵柄やデザインのモチーフとしても使われています。日本人にとっての桜と同様に、フィンランド人にとって、スズランは大切な存在です。旬の時期が短いので儚く、より美しく感じるのかもしれません。花言葉は「幸せの再来」。受け取った人に幸福をもたらすといわれています。

やさしい香りに包まれて

no.025

　ついに、フィンランドの人たちが待ち望むこの花の季節がやってきました。6月初旬になるとヘルシンキの街中で淡い紫色や白色のSyreeni(スレーニ)（ライラック）が見事に咲き誇り、街全体が華やかに彩られます。

　勢いよく咲く姿は圧倒されるほどで、小さくて可憐な花びらが密になって立派な花房をつくり重なりあう様は、ただただ美しい。フレグランスやアロマオイルの原料としても使われる上品でやさしい香りは、心身をリラックスさせてくれます。街角でライラックを見かけるたびに、誰もが立ち止まり花に顔を近づけてにっこりほほえみながら、その香りを愛しんでいます。そんな幸せそうな表情を見られるのもこの季節ならでは。昔ながらの多くのアパートの庭にはライラックの木が植えられていて、窓を開けると風に運ばれて部屋のなかにスッと香りが広がります。ヘルシンキはこの頃が一年でいちばん心地よく、おだやかに過ごせます。

大聖堂を眺めるなら

no.026

　ヘルシンキの街のいろんな場所から見えるヘルシンキ大聖堂は、どの角度から見ても威風堂々とした佇まいが美しく、目にするたびにヘルシンキに住んでいることを実感できます。大聖堂をもっとも綺麗に眺められる通りといえば、旧市街の中心部にあるSofiankatu通り。元老院広場とマーケット広場をつなぐ短い路地で、Pohjoisesplanadi通り側を背にして大聖堂を望むと迫力満点。写真映えスポットとして、足を止めて夢中で撮影している観光客がたくさんいます。

　石畳が続くソフィアンカトゥ通りの両側には、ピンク色や黄色などパステルカラーの趣ある建物が並びます。夏がはじまると通りの上には小さな旗がかけられ、風に吹かれ揺れる様がさわやか。ヘルシンキでとくに古い通りのひとつで、その起源は1640年代にまでさかのぼります。周辺は市役所をはじめ大統領官邸、大学、政府の建物が並ぶ重要なエリアです。

念願の太陽を全身全霊で   no.027

　太陽が少しでも顔を出すと、フィンランド人は一斉に外に出て芝生や海辺の岩に寝転び日光浴をします。強い日差しが降り注ぎ、時に痛みさえ感じるので日焼け対策は入念に。日焼け止めクリーム、帽子、そして目を保護するサングラスの着用は必須です。外で長時間直射日光を浴びることは極度の日焼けによるリスクを伴うのでNGですが、必要なビタミンDを摂取できるとされる1日15分程度の適度な日光浴は大切。

　また、この国ではこんがり日焼けした肌はあこがれ。シミとシワができても太陽は大事！　誰も気にしていません。日本に住んでいる頃は、「太陽はそこにあるもの」でしたが、フィンランドに来てからは、ありがたみと重要性を痛感しています。夏はできる限り屋外で過ごす時間を持ち、身軽な服装で心と体を思う存分のばして楽しみます。今では少しでも太陽が出ると、浴びなければ！　と思ってしまうほど。

圧倒的な存在感を放つ   no.028

　Mannerheimintie通り(マンネルヘイミンティエ)は、ヘルシンキ中心部から北西にのびる全長5.5kmの大通り。通りの名前になっているMannerheim(マンネルヘイム)は、世界大戦や内戦で国内が混沌としていた20世紀前半から半ばにかけて、フィンランド軍の最高司令官として数々の戦争を指揮し、大統領も務めた国民的英雄です。2004年にフィンランド国営放送(Yle)が行ったアンケート調査で、フィンランドの歴史上もっとも重要な人物に選ばれました。Kiasma(キアズマ)(ヘルシンキ現代美術館)前には、彼の功績をたたえた立派な乗馬像が、中心街を見渡すようにそびえたっています。

　6月4日はフィンランド国防軍の国旗掲揚日であり、マンネルヘイムの誕生日。この前を通ると、彼に見守られているような安心感に包まれます。

旬のルバーブパイ   no.029

　たくましく自由にのびる太い茎とあざやかな深紅色のRaparperi（ルバーブ）はタデ科の植物で、フィンランドの初夏を告げる野菜です。豊富な繊維質にビタミンCやカリウムなどを多く含み、肌の調子を整える効果もあるとされるヘルシーな野菜。そのまま食べると酸っぱくて繊維質で食べづらいため、砂糖をまぶして煮詰めてコンポートやジャムにしたり、シロップ漬けやジュースにしたりと味わい方はさまざまです。

　とくにポピュラーなデザートはRaparperipiirakka（ルバーブパイ）。生地にルバーブを練り込んでオーブンで焼き上げ、ルバーブソースとバニラアイスクリームを添えて食べます。さわやかでほどよい酸っぱさが、どこか昔懐かしい味わい。庭や市民菜園で栽培する人も多く、身近な野菜です。もちろんマーケットにも並び、レストランでは季節限定のデザートメニューとして登場します。

手のひらいっぱいの喜び　　　no.030

　5月末から6月初旬にかけて、フィンランドは花盛り。家の庭や森のなかにはさまざまな花が咲き乱れ、あたり一帯がまるでお花屋さんのようになります。ライラックと同じ時期に競うようにして庭先に咲くTuomi（エゾノウワミズザクラ）は、新緑の葉っぱに白い小さな花びらが重なりさわやか。白い花房から強い香りを放ち、離れた場所にあってもその存在を感じずにはいられません。ロマンティックな香りといわれていて、フィンランドでは歌や詩にも登場します。近くに寄って花に顔を近づけると、濃厚な香りで酔ってしまいそうなほど。けれどライラックと並んで咲いていてもおたがいの香りを邪魔しあうことはなく、うまく調和しているから不思議です。人間も学ぶところがあるかもしれません。

　フィンランドでは、やわらかなトゥオミの木は家具の材料になったり、枝は工芸品のネックレスなどのアクセサリーにも使われます。

窓の向こうに揺らぐ黄色いカーテン no.031

　私が住んでいるアパートの庭のキングサリ（黄花藤）が見頃を迎えるのは、6月のほんのひと時。この瞬間を逃したくないので、毎朝起きるとすぐ窓の外をのぞいて開花具合を確認するのが日課です。

　フィンランドでは南部でしか見ることができない花で、冬の寒さがとくにきびしい年は綺麗に咲かず、満開になりません。フィンランドではKultasade（クルタサデ）と呼ばれ「金色の雨」を意味し、朝日を浴びるとその名の通り黄金色に輝き、いつまでも眺めてしまいます。上向きにのびた枝から、20cmほどもある大きな花房が垂れ下がって咲く姿は見事。勢いよく一斉に咲き、バルト海からの風に揺られている様はいかにも気持ちよさそうです。下から見上げると、まるで青い空に黄色いカーテンがかけられているようなダイナミックさを味わえます。花はほのかにレモンのような香りがします。エスプラナーディ公園をはじめ街角で見かけるので、この時期はついつい上を見ながら歩いてしまいます。

上から見るヘルシンキ

no.032

　歴史的建造物が多いこの街は、都市計画によって景観が守られています。新しく建てる建築物の高さなどはきびしく規制されています。ヘルシンキ中心部では高層階の建物をあまり見かけませんが、それでも街を上から一望できるスポットがいくつかあります。そのひとつがYrjönkatu通りにあるSolo Sokos Hotel Torni。1931年創業の老舗ホテルで、ヘルシンキのランドマーク。ホテルの12階はルーフトップテラスになっていて、アテリィエー・バーがあります。こぢんまりしていますが屋外バルコニーがあり、夏は外で景色を楽しみながらお酒を飲むことができます。寒い冬は室内スペースで。バルコニーからは、ヘルシンキの美しい街並みを見渡すことができます。

　広く澄み渡る空、白く輝くヘルシンキ大聖堂、そしてバルト海には大型フェリーも見えます。日没間際に上がって美しい夕焼け空を眺めるのもおすすめです。

ピクニックに人気のおつまみ　　no.033

　フィンランド人が夏によく食べるのが、緑色のHerne(えんどう豆)。
さやから出してそのまま生で食べます。広場で開かれる屋外マーケットでは、1L6ユーロほどで売られています。ちなみに1Lの量は、昔ながらのステンレスカップや年季の入った木のますに入れて量ります。店の人が「食べてみて、甘いよ」とすすめてくれるので食べてみると、口のなかで粒が弾けてやさしい甘みが広がります。

　そんなヘルネは、ピクニックのお供に欠かせません。友人とボートに乗ってピクニックに出かけると、袋に入ったヘルネといちごを出して、ビールを飲みながらおつまみ感覚で食べます。ヘルネは毎週木曜日、豆スープとして食べる習慣もあり、夏の間は新鮮な生のまま、冬は冷凍のものを食べます。フィンランド産の野菜が出まわる短いこの季節は、旬の野菜を思う存分に味わいたいものです。

ヘルシンキっ子が夏に訪れる島　　no.034

　マーケット広場からフェリーで15分の場所にあるのが、「フィンランドの要塞」を意味するSuomenlinna島。1991年に世界遺産に登録されました。18世紀にスウェーデン王の命令により要塞が築かれた後、100年以上にわたりロシア軍によって占拠された複雑な歴史を持ちます。バルト海に向けられた大砲や要塞はそのまま残されていて、今もなおその歴史が色濃く感じられます。

　まるで昔にタイムスリップしたかのような古い街並みに約800人が住んでいて、歴史と現代の生活が交差する、フィンランド人にとって平和の象徴でもある場所。夏のはじめには菜の花やライラックの花が咲き、島全体が華やかに。多くの市民が島を訪れビーチで泳ぎ、のんびりピクニックを楽しみます。海を一望できる丘の上からは、吹きつける海風を全身で感じることができます。ストックホルムやタリン行きのフェリーが行き交う光景を間近で見られるのも魅力です。

日課の島散歩

no.035

　フィンランドに暮らしはじめてから、散歩は毎日の習慣になりました。私の住むヘルシンキのLauttasaari島(ラウッタサーリ)は、バルト海と森に囲まれた自然豊かな環境です。島なので一年を通して風が強く、冬はバルト海から刺すような冷たい風が吹きつけますが、内陸にくらべ気温は少しだけ暖かく過ごしやすい。

　島一周、海辺に遊歩道が整備されているので、毎日Iltakävely(イルタキァヴェルゥ)（夜の散歩）をします。気分が乗らない時や落ち込んでいる時も、いつもそこにある静かで美しい自然風景と野生動物の姿に触れると、おだやかな気持ちになります。歩いて前に進みながら、考えや感情の整理をしてリフレッシュできます。目を凝らしてあたりをじっくり観察すると、小さな自然の変化から季節の移ろいを感じられます。フィンランド人の寛容でおだやかな一面も、きっと自然とのつながりが深いからだと思います。

見事なシャクナゲとツツジ   no.036

　中央駅から電車で15分ほど、北ヘルシンキのハーガ地区の住宅街にHaagan Alppiruusupuisto公園があります。見どころは、6月初旬から見頃を迎えるシャクナゲとツツジ。かつてこの場所は湿地でしたが、1975年にヘルシンキ大学の研究プロジェクトで、3000株のシャクナゲが植えられました。多様な種類を混ぜ、フィンランドの気候にも耐えて生き残れるようにしたのです。1996年には公園の北側エリアが拡大され、さらに1500株のツツジが植えられました。毎年多くの人たちが訪れ、にぎわいを見せます。

　生い茂った森のなかには木でつくられたスロープがあり、車椅子やベビーカーも通れるように設計されています。スロープの先にある高台からはシャクナゲとツツジの花畑を眺められ、花見客が熱心に撮影を楽しみます。赤、オレンジ、黄色の花々を愛でながらの散歩は心が癒されます。毎年決まって訪れる大切な場所です。

港町ヘルシンキ、カモメとの戦い　　no.037

　フィンランドに移り住むまで、Lokki(カモメ)というとかわいらしいイメージを持っていたのですが、この国に来てから、それが大きく覆りました。翼を広げると小型犬ほどある丸々とした大きな体と長く鋭いくちばしで、自由自在に空を飛びまわり、鋭い臭覚と視覚で食べもののにおいを嗅ぎ分けます。

　夏のヘルシンキの風物詩であるアイスクリーム屋台の屋根の上には、たくさんのカモメたちが。頭上から狙われ、アイスクリームを奪われます。そのため、アイスクリームを食べながら歩くのはNG。思わず腰が引けるほど恐ろしく、油断すると怪我をすることもあるので注意が必要です。夜中から朝方にかけて大きな声で鳴き、寝静まった住宅街に響きわたります。カモメの声で、寝不足になる住民も少なくありません。4月から10月にかけてフィンランドにいますが、夏の主人公カモメたちが不在の冬の間は、さみしいようなホッとするような……。

新郎新婦を祝う

no.038

　Häät(ハーット)(結婚式)を挙げるのにもっとも多く選ばれる月は6月。ちょうど夏休みに入るこの時期は、白夜で気候もいいため、街の教会で結婚式を挙げる人たちをいつもより見かけます。とはいえ、伝統にのっとり教会で式を挙げる人は年々減っているようです。近年の結婚式は形式張ったものでなく、自分たちのスタイルに合った自由な発想の手づくり感が満載。レストランや田舎の古い木造会場を借り切り、夜中までパーティーが繰り広げられます。ケーキカットの時には、先に相手の足を踏んだほうが家庭での主導権を握れるという昔からの言い伝えから、我先にと必死になるのもほほえましい場面です。

　ご祝儀は、まず新郎新婦が事前にほしいものリストを招待客に配付します。招待客は自分の予算に合ったギフトを選び、当日会場に持っていくシステム。ハネムーンの資金にと、銀行口座にお祝い金を振り込むことも。

カレリア地方の奇妙な彫刻公園   no.039

　知る人ぞ知る彫刻作品の穴場の鑑賞スポットといえば、フィンランド東部、ロシア国境近くにあるParikkalan Patsaspuisto（パリッカラン パトサスプイスト）（パリッカラ彫刻公園）。もとは彫刻家のVeijo Rönkkönen（ヴェイヨ ロンッコネン）が所有していた土地で、彼が50年もの歳月をかけてここでつくり上げた約500体にも及ぶ彫刻作品が、そのまま展示されています。

　敷地内には野花や野草があふれ、そのなかに十人十色、ヨガやアクロバティックなポーズをとった人間の彫刻が立っていてなんともユニーク！　奇妙な芸術作品が自然と一体化していて、不思議な空間が広がっています。かつては多くのロシア人も訪れ、今もなお、フィンランド人を中心に多くの観光客でにぎわいを見せています。私は、毎夏サマーコテージへ行く途中にここへ立ち寄るのが恒例になっています。近くでじっくりと見るとちょっと鳥肌が立って、夏の肝試しのようなおもしろい体験ができます。一年を通して入場できます。

車窓から見る初夏の花　　　　　　　　no.040

　夏は車でロードトリップに出かけます。ヘルシンキから北部ラップランド地方まで1000kmほど走りながら、途中宿を取り、各地を訪ねます。この国の本質的なよさや魅力は、何度も田舎へ足を運び、縦断の旅をするなかでわかってきたような気がします。

　6月初旬頃から道端に一斉に力強く咲き誇る花といえば、Lupiini（ルピナス）。紫やピンクの色あざやかな小花をつけた30cmほどの花穂が特徴的です。力強く凛とした立ち姿は、車のなかからでもよく見えるほど存在感があります。いつもの田園風景もこの時期は特別で、ルピナスが歓迎してくれている感じがします。フィンランドの夏の原風景は、広大な青い空に浮く綿菓子のように大きな雲、どこまでも続く若草色の草原、時々ポツンと立つ赤い屋根の木造の家々……。そして、広大な自然のなかにずらりと咲き乱れるルピナス。夏のドライブ風景に彩りを与えてくれます。

フィンランド産ベリーのワイン   no.041

　フィンランドは寒さがきびしい気候のためワインに使うぶどうは育ちませんが、さまざまな種類のおいしいベリーが育ちます。そのベリーを使って自然派ワインを製造しているのがAinoa Winery(アイノア ワイナリー)で、ヘルシンキの北100kmほどの場所にある町Lahti(ラハティ)の郊外にあります。この地に移民としてやってきたエクアドルとアメリカ出身の夫婦が、2014年にはじめました。

　今ではフィンランド全国の酒屋で販売され、ポピュラーなブランドです。フィンランドの森でとれたリンゴンベリーを使ったワインのHavu(ハヴ)、ブルーベリーワインのSilkki(シルッキ)、クラウドベリーデザートワインのValokki(ヴァロッキ)、サジーとりんごのTaival(タイヴァル)など、ベリー本来のおいしさを最大限に引き出したヘルシーなナチュラルワインがそろいます。夏によく冷やして飲むアップルサイダーもおすすめ。ワイナリー兼ショップがあり、事前予約でテイスティングも可能です。

土がほのかに香る旬の味　　no.042

　フィンランドの主食といえば、Peruna（じゃがいも）とライ麦パン。じゃがいもはゆでたりつぶしたりしてマッシュポテトにしてメインの料理に添えたり、サーモンスープにゴロゴロと入れたり、オーブンで焼いてグラタンにしたりと、昼夜の食卓にほぼ毎回登場します。スーパーマーケットでは土がついたさまざまな種類のじゃがいもが、量り売りで安価で売られています。寒い冬の間も長持ちするので、昔から保存食としても活用されています。厳冬のなか雪の水分をたっぷりと含んで育った新じゃがいもは、小ぶりで甘みが強く格別においしい。ビタミンが豊富に含まれ、まさに夏の旬の味。

　沸かしたお湯にじゃがいもと塩、ディルをたっぷり入れてゆでたら、お皿に盛りバターとフレッシュなディルをさらにのせてでき上がり！　ねっとりした食感に、土の香りがほんのりして甘い。

のんびり待ちましょう

no.043

　カイヴォプイスト公園では、夏の間たくさんのValkoposkihanhi（ヴァルコポスキハンヒ）（カオジロガン）に出会うことができます。カモ科で名前の由来は、見た目の通り白い頬の雁。冬の間はオランダで過ごし、夏になると群れでフィンランドにやってきます。群れで飛ぶ時にV字で飛ぶのが特徴的。群れで行動しながら、公園の草を一生懸命に食べる姿をよく目にします。かわいいひなが産まれると、成長していく様子を夏を通して観察できます。

　この国では保護対象の鳥で大切に守られているため、横断歩道を渡る姿も堂々としたもの。車のドライバーもみんな止まって、ご一行が安全に渡り切るまで辛抱強く待ちます。のんびりとおおらかな人たちに見守られながら、小さなヨチヨチ歩きのひなもみるみる大きく育ち、秋になると立派な姿でフィンランドから去っていきます。また来年、待っています。

「ハリプー」のススメ

no.044

　フィンランド人にはそれぞれお気に入りの木があります。たまに会いに行き、ハグをしたり、横に座ってともに時間を過ごしたりする友達のような木。自然のなかで暮らしていると、日課の散歩やよく行く近所の森に自分のお気に入りの木ができてくるのです。

　日本語の「森林浴（Shinrinyoku）」という言葉は、フィンランドでも知られています。街の喧騒や日常生活から離れて、森のなかで木々に囲まれて深い呼吸を行い、木に触れて抱きついてハグをすることはストレス解消になり、孤独感からの解放やウェルビーイングに効果的といわれています。木の香りはストレスをやわらげて、心地よく感じると同時に「自然を大切にしたい」という気持ちが育まれます。「悩んだ時は森へ行く」というフィンランド人は少なくありません。夏の間、自然・環境保護活動などを行う団体がPuunhalaus（ツリーハグ）キャンペーンを実施することも。"Halipuu（木とハグしよう）"

フィンランド人が大好きなケーキ　　no.045

　Britakakku（ブリタケーキ）は、フィンランド人が大好きな夏の定番ケーキ。スウェーデンでも同様のものが食べられていたそうで、華やかな見た目ですが、とてもシンプルなレイヤーケーキです。土台のスポンジに、生クリームといちごジャムをはさみ、上にメレンゲといちごをのせます。重めのしっかりとしたスポンジ生地と、軽めのサクサクとした食感のメレンゲに、新鮮ないちごと生クリームの相性が抜群。いちごのシーズンには、どこのカフェでもたいてい食べられるので、多くの人がコーヒーのお供にこの時期にしか食べられないブリタカックを味わいます。

　フィンランド人は手の込んだものより、こんなふうにシンプルなものを好みます。夏のフィンランドに来たら、この季節ならではのスイーツをどうぞ。

青空1000人テーブル   no.046

　ヘルシンキの市制誕生記念日である6月12日は、Helsinki-päivä(ヘルシンキデー)。市内のあちこちで、1959年以来恒例となっているお祝いイベントが開催されます。音楽コンサートが開催されたり、無料で美術館に入れたりと多岐にわたります。市役所で朝、先着順でコーヒーと菓子パン(プッラ)が無料で市民に振る舞われるのも昔からの習わしです。

　2013年にはじまり人気を集めているイベントが「Dinner under the sky」。エスプラナーディ通りで、1000人が空の下で各々好きな食べものを持ち込み、ディナーを楽しみます。夕方から車が通行止めとなり、真っ白いテーブルクロスが敷かれた約400mの長いテーブルとベンチが並びます。毎年この時期は寒くて「寒空の下でのディナー」になりますが、それでもこの開放感と1000人で同じ体験を共有している一体感は素晴らしい。

探しものはクリーニングデーで　　no.047

　フィンランドでは、セカンドハンド（中古品）の売買が盛んです。若い女性たちに洋服はどこで買うかたずねると、みんなそろって"Kirppis（フリーマーケット）"という答えが返ってきます。新品を買うより中古品を手頃な値段で譲り受けて使う、リサイクル文化とサステナブルなライフスタイルが根づいています。

　5月と8月の年に2回開催される、フィンランド発祥のSiivouspäivä（クリーニングデー）の日は、ヘルシンキの公園やストリート、アパートの庭で誰でも自由に中古品を販売することができます。状態のいい不用品を良心的な価格で取引し、循環させようという目的。アットホームな雰囲気で「これも買うからまとめてもう少し安くならないかな？」などその都度会話が生まれて、お宝を見つけられるのも魅力です。地球に、そしてみんなにとってやさしいイベント。世界中でフィンランドのクリーニングデーが広がればいいなと思います。

森のなかで頭脳派スポーツ　　　　　no.048

　森がたくさんあるヘルシンキでは、自然をいかしたさまざまなスポーツが行われています。Frisbeegolf（フリスビーゴルフ）もそのひとつで、ほどよく整備された森のなかで、バスケット型のゴールが設けられたコースをまわります。木々の間をぬうようにフリスビーを投げて進んでいきます。初級から難易度の高いレベルまで、1〜4人で楽しめます。シーズンは夏。地形をうまく利用してコースがつくられていることに感心します。
　もうひとつはSuunnistus（スゥーンニストゥス）（オリエンテーリング）。元々は、軍隊の訓練の一環としてはじまったのがきっかけで、1935年から競技になりました。地図とコンパスをたくみに使い、森の各所に設定されたチェックポイントを通過してゴールに着くまでのはやさを競うスポーツ。一見地味だけれど、森のなかを猛スピードで走り、高い身体能力と頭脳を使うタフさが必要です。こちらも男女問わず人気があります。いずれも森で、お金をかけずに無料でできるスポーツです。

Kesä

夏

グリッリからのにおいに誘われて no.049

　フィンランド人のGrillaus（BBQ）に対する情熱は凄まじいものがあります。夏は家族や友人たちが集まって、アウトドアで飲み食いを楽しみます。この時期、夜は遅くまで明るいので屋外で過ごす時間が長く、自宅やサマーコテージの庭でBBQが定番。一軒家はたいてい立派なGrilli（バーベキューコンロ）を備えていることが多く、ヘルシンキのアパートでも敷地内に共有のグリッリがあり自由に利用できます。国立公園や森には誰でも自由に使えるグリッリがあり、森へハイキングに行く際は、ソーセージと甘辛いマスタードを持参し、ハイキングの途中で焼いて食べるのがフィンランド流。

　スーパーに行くと、さまざまなスパイスでマリネされた味つきの鶏・豚・牛肉がずらりと並んでいます。ソーセージの種類もスパイスやチーズ入りなどバラエティー豊か。私のいちおしは大きなマッシュルームにハーブ入りクリームチーズを塗り、ベーコンで巻いて焼く一品です。

終わりの見えない夏の工事   no.050

　夏になると歩道、道路、アパートの外装までいたるところで工事がはじまります。ヘルシンキ市内は石畳の古い道路や築100年以上のアパートも多く立ち並ぶため、毎夏そこかしこでメンテナンスや改修が行われ、景観が悪くなります。住民にとっては騒音と粉塵に加え、何かと道も歩きづらくなるので大変。たまに足場の棒が出っ張っていたり、その辺に落ちていたりするので、頭上も含め前を見て注意深く歩かないと危ないのです。さらには、道路封鎖によりトラムが遠まわりしたり、路線番号も頻繁に変更されるので不便を感じます。

　冬が長い分、短い夏の限られた季節にしか外での工事が行えない事情もあり、一斉にはじまったのはいいけれど、夏休み中は重機も柵もそのままで作業員はおらず、いつ終わるのだろう？　と首を傾げることもしばしば。なかなか終わらず秋を迎え、冬が来る前に慌てて作業している光景を毎年目にします。

夏至に咲くフィンランドローズ　　no.051

　例年6月20日頃の夏至の時期に庭や道端に咲くJuhannusruusu（夏至のバラ）。英語で「フィンランドの白バラ」とも呼ばれます。

　コロンとした丸い形に何重にも重なる花びら、真っ白で白雪姫のようなかわいらしい花は、とくに咲きはじめた直後に濃厚な甘い香りを放ちます。近くを自転車で通ると、その香りにつられてつい立ち止まってしまいます。日光を好むので日がよく差す場所では、花があふれるほど咲き誇ります。「美しい花にはトゲがある」というとおり、細いツルのような幹には無数のトゲがあり、ちょっと近づきがたい。そんなところもまた魅力です。白夜のなかで見ると、より一層幻想的な雰囲気を感じられます。勢いよく咲き、あっという間に枯れる姿は儚く愛おしい。

夏のはじまりはにぎやかに　　no.052

　フィンランド人にとってKesäloma（夏休み）は生きがい。長い冬を耐えたご褒美に、輝かしいパラダイスの夏がやってきます。夏至の日のヘルシンキの日の出は午前3時台、日の入りは夜10時台で、昼の長さは約19時間です。夏至を境に、昼がいちばん短い冬至へと向かってまた日照時間が短くなっていきます。夏至祭Juhannus、愛称Jussiは毎年6月後半にある移動祝祭日で、クリスマスと並ぶ夏の大事な日。この前後に夏休み入りする人がほとんどで、高揚感はピークに達します。

　夏至祭イヴはKokko（かがり火）を焚く習慣があります。多くの人はサマーコテージで友人や家族と過ごすのが定番で、近所のコッコを見てから、お酒を飲みつつ夜遅くまで踊り続けます。夏が来た喜びを全身で表現し、心の底から笑う素顔の人たちを見ることができます。

夏至の花かんむりに馳せる思い　　no.053

　夏至には、女性たちが色とりどりの草花で Kukkaseppele（クッカセッペレ）（花かんむり）をつくってかぶります。森に入って自分で摘んだり、生花店で花を選んだりしてつくります。最後はドライフラワーにして部屋の壁に飾っておき、時折眺めながら夏の日々を思い出し、冬を過ごします。

　また、森や道端でルピナス、スズラン、ユハンヌスルース（夏至のバラ）、シャクなど7種類の野花を摘み、夏至の日の夜、枕の下において眠ります。そうすると、将来のパートナーが夢にあらわれるというロマンティックな言い伝えがあるのです。フィンランド人の女性たちはとても器用にベースとなるシャクの頑丈な茎に、黄色やピンク、白の野花を差し込み編んでいきます。この時期にちょうど合わせたように咲き乱れる恵みの花々に、特別なエネルギーを感じます。さて、夢でどんな人に出逢えるでしょう。

白夜、夢と現実のはざまで

no.054

　一日の終わり、雑音が消えた頃。静かな夜のパーティーがはじまります。どこまでも広がる大きな空は、淡い青、オレンジや黄色のやわらかなグラデーションに染まり幻想的。カモメたちは翼を広げて気持ちよさそうに飛び交い、野原には花が咲き乱れて、草花の香りが立ちこめます。人々は海辺のゴツゴツとした岩の上に座り、短い夏の夢心地な夜を楽しみます。友人と人生について語りあったり、何を話すでもなくただじっと海を眺めて過ごしたり。バルト海からさわやかな風がスッと吹き抜け、地平線に沈みそうで沈まない夕日は、一日の終わりをためらっているかのようです。

　まるで魔法がかかったようなフィンランドのYötön yö（白夜）。人間だけでなく犬や野生動物、植物も、満足げに生き生きとこの時間を過ごし、うまく調和しあっている様子は心に響きます。このまま時が止まればいいのに……とさえ思うほど、美しい時間です。

休むことは何より大事　　no.055

　店のドアや窓ガラス、看板には、「Ma-Pe, La, Su（月〜金、土、日曜日）」と営業時間が書かれています。日本人観光客も多いアテネウム美術館など多くの美術館は、月曜日が休み。金曜日は遅くまで営業しているバーやレストランも多く、土・日曜日は時短営業が主流。早朝と深夜勤務は職業により追加で給料が支払われ、日曜・祝日に勤務した場合は、2倍の給料が保証されています。

　フィンランド人たちは、「みんなが平等に休む権利がある」「少しくらい不便でも問題はない。ほかの日に計画的に買っておけばいいし、家族と過ごす時間を大切にしたい」と考えているようです。便利さが最優先ではなさそう。休むことに対して何の後ろめたさもないどころか、労働者の当然の権利として捉えているようです。

自然のなかでのんびりと過ごす夏 no.056

　6月下旬の夏至祭を皮切りに、多くのフィンランド人が長い夏休みに入ります。労働契約法で最大4週間の夏休みが定められていて、職種や職場環境にもよりますが、連続して、あるいは分けて取ったりと人によってさまざまです。

　夏休みは田舎のMökki（ムッキ）（サマーコテージ）で家族と過ごす人が多く、しっかりと太陽を浴び、短い夏を心ゆくまで楽しみます。日中はコテージやサウナ小屋の修理をしたり、サウナや暖炉の薪を割ったりして体を動かします。森でブルーベリーを摘んで自家製ブルーベリーパイを焼いたり、手漕ぎのボートで湖の旅に出かけたり。夕食は庭のグリルでBBQ、その後はゆったりとサウナの時間。目の前の湖で気の向くまま泳いで心と体をほぐします。まだ明るい夜空と静寂のなか、眠りにつきます。多くのコテージには水道が通っていないため食器を洗う水も貴重で、いつも以上に大事に使います。

小屋までいちご!

no.057

　フィンランド最大のサイマー湖周辺やカレリア地方では、昔ながらのフィンランドの食や文化、あたたかい人たちに触れることができ、訪れるたびに魅了されます。フィンランドではどの町に行っても同じように中心地に広場があり、夏の間はマーケットや屋台が出て地元客でにぎわいます。なかでもひと際目立つのは、かわいいいちごの形をしたMarjatori（ベリーの屋台）。いちご柄のエプロンをした店員たちが、地元でとれた新鮮ないちごやベリーを売っています。"Tanään poimittu!（今日摘みたて!）"と貼り紙がされています。

　フィンランド産のいちごは、小粒でとても甘いのが特徴。そのまま食べるのがやっぱりいちばんおいしい。新鮮ないちごを頬張りながら、夏ならではの味わいを思う存分堪能します。私は毎年5kg入りの箱を買い、ヘタを取って半分に切って冷凍保存します。冬の間の大切なビタミン源です。"Hyvää kesää!（よい夏を!）"

完全オフモードの7月 no.058

　6月後半には多くの人が夏休みを取り田舎へ移動するため、ヘルシンキの街は静か。短い夏の間にしっかり日光を浴びる時間が持てるように、7月はヘルシンキの多くのレストランが休業します。一方観光地のカフェなどは、この時期、夏季限定の季節労働者が大活躍。学生や外国人労働者が中心となり働き、営業が成り立っている店がほとんど。春になると「サマージョブ募集」の広告を頻繁に目にします。

　中心街は、国内旅行を楽しむフィンランド人の家族連れや外国からの観光客でにぎわいます。生活者目線では、夏はいつも以上に不便がつきまといます。公共機関や病院までも夏休みに入るため、医療従事者の人手不足がより深刻化。夏はいつも以上に病気や怪我をしないように、細心の注意を払わなければいけません。なぜなら命にかかわる緊急時以外は、すぐに診てもらえないからです。仕事のメールももちろん返事はなく、完全にオフモードとなります。

クラシックなぜいたく空間で

no.059

　1867年創業のKappeli(カッペリ)は、エスプラナーディ公園内にある広々としたガラス張りのレストラン・カフェ。夏はガラス窓から燦燦(さんさん)と光が差し込み明るい雰囲気。冬は暗い店内にキャンドルが焚かれ、なんともロマンティックです。

　歴史が感じられる店内の壁には、20世紀のフィンランドを代表する陶芸デザイナーのひとり、Birger Kaipiainen(ビルガー カイピアイネン)の作品Tanssivia pareja(タンシヴィア パレヤ)(踊るカップル)が飾られています。彼のやさしい色使いやタッチが、エレガントな店内のインテリアと絶妙に合っていて素晴らしい。壁から飛び出してきそうな躍動感のある絵画を見ながら、コーヒーを味わえる壁際のテーブル席が私のお気に入りです。カイピアイネンは、1930年代から1980年代にかけてアラビア社とロールストランド社(スウェーデン)でトップデザイナーとして活躍しました。彼の作品を見ながらひと息つける貴重な場所です。

森のなかのミュージアムを訪ねて　　　no.060

　ヘルシンキから列車とバスを乗り継いで1時間半ほどの場所にある村フィスカルスは、オレンジ色のハサミで有名なFiskars社発祥の地であり、多くのアーティストが住んでいます。夏は大きなアンティークマーケットが、冬はアットホームな雰囲気のクリスマスマーケットが開催されます。

　この村には、陶芸家のKarin Widnäsさんが暮らしています。1995年に村に移り住み、自宅の隣で陶芸ミュージアムKWUMを運営し、村の活性化と陶芸の普及に取り組んでいます。湖のほとりの森のなかにある2階建ての木造建築のミュージアムでは、大きな窓から夏はまぶしいほどの新緑、冬は幻想的な雪景色と、季節ごとに異なる風景も楽しめます。夏の間は敷地内に羊が放牧され、メーメーと鳴きながら迎えてくれます。カリンさん自身の陶芸作品をはじめ、企画展では世界中のアーティストの作品が展示されます。

ストリートアートを楽しむ

no.061

　ヘルシンキの街中のストリートには、至るところにSähkökaappi（サハコカーッピ）(電気機器収納箱)が設置されています。そんな街の景観をよくするための取り組みとして、このボックスにアーティストや地元の子どもたちが絵を描いていて、ストリートアート感覚で楽しめます。天気がいい夏の日はペンキが早く乾くので、数日かけて制作活動が行われます。色がないモノクロの世界になる冬は、このストリートアートがあることで心なしか街の風景が明るく見える気がします。

　私のいちばんのお気に入りは、Uudenmaankatu（ウーデンマーンカトゥ）通りにあるSUN=GOD（太陽=神様）と描かれたアート作品。冬が長く太陽を拝むことがかなわないフィンランド人の切実な想いが伝わってきます。太陽は神様のような存在で偉大。とくに冬の間にこの前を通ると、心に沁みる言葉です。ほかにもたくさんの素敵なアートやメッセージ性の強いものなどあるので、街歩きのちょっとした楽しみになっています。

動物が描かれたプレート　　no.062

　ヘルシンキの街角で壁面を見上げると、通りの名前が書かれたプレートが貼られています。上にフィンランド語、下にスウェーデン語表記があり、そのそばに、動物や魚などのイラストが描かれたものがあります。

　ヘルシンキの都市計画の立案者Johan Albrecht Ehrenström（ヨハン アルブレヒト エレンストローム）のアイデアのもと、1820年から1900年にかけて、大通りのAleksanterinkatu（アレクサンテリンカトゥ）を中心とした10区画に動物などのサインが割り当てられました。その名残を、今もなお一部の通りで見ることができます。たとえば、クルーヌンハカ地区の壁面のプレートには、哺乳類のサーバルが描かれています。中心部の通りには、1か所だけ寓話の生きものであるユニコーンが描かれたプレートも存在します。普段あまり気にとめない通りの壁に目を向けてみると、また違った視点でヘルシンキの街歩きが楽しめます。

重厚なアール・ヌーヴォー建築　　　　　no.063

　ヘルシンキ中心部のAleksanterinkatu通り44番地とMikonkatu通り3番地の角地に立つPohjolan toimitalo（ポホヨラ保険会社ビルディング）。ナショナル・ロマンティシズム（北欧古典主義）の建築家サーリネン、リンドグレン、ゲッセリウスの3人によって設計され、1901年に完成しました。建物のドアや窓まわりにはフィンランドの国民的叙事詩カレワラに着想を得た、精霊や動物などの彫像装飾が施されています。

　ファサードの入り口の柱の上には、この保険会社のシンボルである熊が。アーチ型のショーウィンドーが連なり、木製の窓枠を約50cm奥に配置することで、装飾が強調されるよう細部まで計算されています。ヘルシンキで有名なアール・ヌーヴォー建築のひとつ。1972年にKOP銀行が買収し、現在はノルディア銀行が引き継いでいます。重厚で分厚い扉を開けると、美しいらせん階段があらわれます。

街に点在する神聖な熊の像

no.064

「あ、やってしまった」と声が聞こえそうなポーズがかわいらしい熊の石像。ここはトーロ地区の住宅街のアパートの入り口です。この表情を見るたびに、ほほえましくなります。その日の天気や気温、空の色で表情が変わる気がするから不思議。冬は雪をずっしりかぶりながらじっと耐え忍んでいるようにも見え、励まされます。

　Karhu(熊)はフィンランドの国獣で、神聖で特別な存在。そのため、ヘルシンキの街を歩いていると熊の像や建物の装飾モチーフを見かけます。たとえば、カッリオ地区の熊公園には、赤い花崗岩でつくられた熊の像があります。また、国立博物館の入り口にも立派な熊の石像が鎮座しており、街行く人々をじっと見ています。いくつあるか探しながら、ヘルシンキの街を歩くのも楽しい。フィンランドを代表する熊のパッケージでおなじみのビール「カルフ」や、人気のスニーカーブランド「カルフ」も熊のモチーフを使っています。

国の宝、おいしい水　　　　　　　　　no.065

　森と湖の国というように、空の上からフィンランドを見下ろすと、無数の穴のように湖が点在しています。日本とほぼ同じ国土に、フィンランド最大規模のサイマー湖をはじめ、なんと約19万個もの湖があります。そのため水は豊富にあり、おいしい恵みの水はこの国の宝です。水道水はペットボトルの水を買うよりもおいしいといわれているほど、世界有数の良質な水道水が飲めます。フィンランド人の多くは、外出時、マイボトル（水筒）を持ち歩き、水道水を補給して飲んでいるので、経済的かつ環境にもやさしい。

　地域や物件などによって異なりますが、ヘルシンキのアパートの水道料金は定額制でひとり月15ユーロほどです。フィンランド国外から帰ってくるとこの地の水のおいしさをあらためて実感し、感謝の気持ちでいっぱいになります。これからもこの豊かな水が守られ次の世代へ受け継がれますように。

すべての人が持つ自然享受権　　no.066

　フィンランドは人口が約560万人に対し、国土の約75%を森が占めます。森のなかに人々が暮らしているこの国では、土地の所有者に迷惑をかけない限り、すべての人が自然の恵みを享受できるJokamiehenoikeus（自然享受権）があります。森に入ってハイキングやキャンプをしたり、ベリーやきのこを摘んだり、湖に浮かぶ白いハスの花が咲くなかで泳いだり、ボートに乗ったり。冬は湖に張った氷に穴をあけて寒中水泳をしたり、アイススケートをしたりと、自然のなかでの生活を楽しみます。お金をかけずに、誰でも平等に自然に触れる機会が与えられていることは、素晴らしいと思います。

　そのかわり、すべての行動は自己責任。自然のなかに入る時は覚悟して、しっかりと準備をしなければなりません。フィンランドの子どもたちは、幼稚園の時から冬でも森遊びの時間があり、小さい頃から自然のなかでの心得と行動を学びます。

目印に沿って歩いていけば大丈夫   no.067

　週末にはよく郊外の国立公園へハイキングに出かけます。人が歩くトレッキングコースには、木の板が張られた自然遊歩道が設置されています。携帯電話の電波が入りにくい場所もあるため、入り口や要所には公園全体の地図、現在地、行き先までの距離と方向が表示されています。短いものから長いものまで数種類あるトレッキングコースは色分けされ、自然のなかでも見えやすい目印がそれぞれの色で木に貼ってあるので、たどって歩けば迷子になる心配はありません。必要最低限の情報が提供され、後は各々が考えて、五感を信じて自然のなかで過ごします。

　綺麗な空、おいしい空気、静寂に包まれて、幸せな気持ちで満たされます。どこまで続くだろう、この先どんな風景が広がるだろう、と胸に期待を抱きながらただただ歩きます。木々のなかに吸い込まれるように、目の前の道を歩いていく、なんともぜいたくな時間です。

いちごジャム派？ 生クリーム派？　　no.068

　夏の楽しみのひとつは、屋外で食べるフィンランドのクレープLettu。小麦粉、卵、牛乳に砂糖と塩を混ぜて、大きな平たいフライパンにバターをたっぷりと引いたら、生地を薄くのばします。こんがりと両面に焼き目がついたらでき上がり。付け合わせは、お好みでMansikkahillo（いちごジャム）、またはKermavaahto（ホイップクリーム）をたっぷりと。両方添えればおいしさは2倍に！ 折りたたまれた生地はまわりがカリッと香ばしくバターの風味がきいて、なかはもっちりとした食感。

　ヘルシンキのマーケット広場やハカニエミ屋外マーケット、フィンランド各地のマーケットに、「Lettu」のサインを掲げた屋台が並びます。青空の下、コーヒーとともにおいしそうに食べる人たちの姿をよく見かけます。森でのハイキングの途中やサマーコテージでつくったりと、さまざまな場面で登場する夏の定番スイーツです。

夏の森で無我夢中　　　　　　　　　　no.069

　初夏の森ではMustikka（ブルーベリー）の小さな花が満開になります。そして7月に入る頃、ヘルシンキ周辺の森ではブルーベリーが実りはじめます。雨の量や天候によりできのいい年、そうでない年がありますが、毎年多くの森でブルーベリー摘みを楽しめます。森に入ると一面「青く輝く宝石」がなっていて心躍ります。シーズン中は何度も森へ行き、家族で食べる分を摘みます。ブルーベリー摘みは、癒し効果があるといわれていて、心身ともにリフレッシュできます。摘みながら口に運ぶので、帰る頃には手指と口のなかは真っ青!

　森には虫やヘビもいるので、長袖長ズボンにゴム製の長靴を履きます。中腰の体勢で長時間摘む作業は体力を消耗するため、食べるのは好きだけれど自分で摘むのは嫌いという人も。その場合は、屋外マーケットで500gから5kg箱入りまで売られているので、手軽に食べられます。

自家製ブルーベリーパイ

no.070

　摘んだブルーベリーについている小さな茎や混ざった葉を取りのぞく作業は、地味に時間がかかります。家に帰って黙々と手を動かし、綺麗な状態になったら、早速自家製のMustikkapiirakka（ムスティッカピーラッカ）（ブルーベリーパイ）をつくります。新鮮なブルーベリーをふんだんに使って焼き上げるパイは、オーブンから出してまだ熱いうちに食べます。自分で摘んでつくるブルーベリーパイは格別で、甘酸っぱい森の香りが口のなかに広がります。ひと晩おいて翌日食べるパイはしっとりして、また絶品。そのまま食べてもおいしいですが、フィンランドではバニラクリームをたっぷりとかけて食べるのが定番です。

　8月6日はフィンランドのブルーベリーパイの日。手づくりのブルーベリーパイをおいしくいただきます。残ったブルーベリーは、長く寒い冬の間の貴重なビタミン源として冷凍庫で保存し、朝食のヨーグルトに入れたり、ジャムにして保存します。

宝石のような赤黒白スグリ no.071

　フィンランドではさまざまなベリーが実りますが、夏から秋にかけてそれぞれ微妙に旬の時期が異なるので長く楽しめます。8月になると、ビタミンが豊富なHerukka（スグリ）が庭で熟しはじめます。赤はPunaherukka（レッドカラント）、黒はMustaherukka（カシス）、白はValkoherukka（ホワイトカラント）といいます。

　スグリの木は1.5mまで成長し、房にすずなりに実がなります。赤・黒・白の輝く宝石のようなベリーは、大きくふくらんで色が濃くなると、食べ頃のサイン。そのまま食べると口のなかでプチプチと実が弾けてとても酸っぱいので、ジュースやジャムにします。どの色もそれぞれのおいしさがあり、風邪予防や美肌効果も期待できます。庭に実ることから、フィンランドの家庭では、とても身近でよく食べられるベリーです。別名は、赤がPunaviinimarja、黒がMustaviinimarja、白がValkoviinimarja。

暮らしに息づく松の木のかご   no.072

　フィンランドの暮らしのなかで今もなお日常的に使われている伝統的な木のかご、Pärekori。Päreは薄く切った木、Koriはバスケットを意味します。スーパーマーケットや屋外マーケットへ食材の買い出しへ行く時、ベリーやきのこ、野花を摘みに行く時、ホームパーティーで友人宅へ焼き菓子を持って行く時など、暮らしのさまざまなシーンに登場します。かご職人が、松の木の樹皮を削いだ薄いシートをていねいに編んでつくっています。1940年代には各地に職人がいましたが、現在では多くの職人が高齢で引退、国内にいるかご職人の数は減り今では貴重な存在です。

　また、使用できる松の木も限られるため、近年ではかご自体が貴重な工芸品になりましたが、通気性や柔軟性にすぐれているため、家庭では日常使いされています。世代を受け継いで使われ、経年による色合いの変化であめ色になったかごも見かけます。

森へのお供に欠かせない

no.073

　ラップランドのきびしい自然のなかで育った白樺のコブをくりぬいてつくったKuksa（木のマグカップ）は、昔から先住民族のサーメの人たちが使ってきました。幸せを願いながら一つひとつ手づくりされた伝統工芸品です。

　ククサを贈られた人は幸せになるという言い伝えがあり、大切な人に贈る習慣があります。手で彫り、蜜ろうで仕上げます。使うほどに味わいが増し、時間の経過とともに深みのある色艶が出て、変わっていくのが魅力。色も木目も、ひとつとして同じものはありません。質感がやわらかく、また熱い飲みものを入れても熱が伝わりにくく、口当たりがやさしいので飲みやすい。ハイキングの途中に飲むコーヒーを入れるのに使ったり、ベリーを摘んで持ち運んでも実がつぶれにくいので重宝します。森のなかで使うと、とくに自然の風景になじみます。これからも長く大切に使っていきたいです。

夏の冒険、トーベが過ごした島へ　　no.074

　ヘルシンキから東へ約50kmのところにポルヴォーの町があり、そこから南下すると大小の島々からなるペッリンゲ諸島があります。そのひとつである小さなクルーヴハル島で、ムーミンの作者トーベ・ヤンソンがパートナーのトゥーリッキ・ピエティラとともに1960年代から1990年代にかけて28年間、夏を過ごしました。

　毎年夏に期間限定で、ふたりが暮らした小さなコテージが一般公開され、私も一度訪れたことがあります。ポルヴォーの海岸沿いにある友人のサマーコテージからヨットに乗って、波に揺られること40分で到着。360度海に囲まれた小さな島の岩の上に、水道も電気も通っていないコテージがポツンとあります。周辺には野花が咲き乱れ、自然のなかで、ふたりがつつましくも満たされた暮らしを楽しんでいたことが感じられます。コテージのなかには家具や食器、本などが当時のまま残され、今もなお大切に保管されています。

さっぱりとした夏のひと皿

no.075

　日本では集合写真を撮る時に、「ハイ、チーズ！」といいますが、フィンランドでは"Muikku！"という習慣があります。ムイックは、サケ科の淡水魚、モトコクチマスのことで、あっさりとした味わいの小魚です。クセがないので食べやすく、フィンランドではサーモンと並び、よく食卓に登場するおなじみの魚です。骨もかたくないので、フライにすると頭から尻尾まで全部食べられます。

　夏に食べたいメニューは、燻製にしたムイックと酢漬けにしたきゅうり、刻んだ赤玉ねぎをあわせて、ディルがたっぷり入ったソースをかけた一品。よく冷やしていただきます。お酢がきいているので、さわやかでさっぱりとした味わいで、食がすすみます。日本の家庭料理、魚の南蛮漬けのようなひと皿で、日本人にも親しみやすいと思います。ビールや白ワインにもよく合います。

ヘルシンキの美しい通りを歩く   no.076

　ヘルシンキ中心部は、歴史を感じられるアール・ヌーヴォー建築が立ち並び、パステルカラーのドアや細部の装飾が美しいデザインを見ながら街歩きを楽しめます。なかでも、ウッランリンナ地区にあるHuvilakatu通り（フヴィラカトゥ）がいちおし。フヴィラカトゥは別荘通りの意で、通りに並ぶ建物は歴史的建造物に指定されていて、市内屈指の高級住宅街です。ヘルシンキでもっとも美しい通りのひとつといわれ、観光客をはじめ多くの人が撮影に訪れます。

　ほとんどの住宅は、1904年から1910年の間に完成しました。細部にわたり繊細な装飾が施された壁、円錐形の小塔が立つ屋根、光を取り入れる出窓、半月アーチ型の窓、こぢんまりとしたバルコニー……。どれも間近で見ると目を見張るものがあります。家ごとに建築家が異なり、Eliel Saarinen（エリエル サーリネン）やOnni Tarjanne（オンニ タルヤンネ）をはじめ、10人の建築家が設計にたずさわりました。

アイスクリーム大好き！

no.077

　フィンランド人はアイスクリームが大好き。夏はもちろん、真冬も含め一年を通して食べます。夏の間は、Jäätelökioski（アイスクリーム屋台）が街角にあらわれ、1スクープ4ユーロほど。さまざまなフレーバーがありますが、フィンランドらしいのは真っ黒なリコリス（甘草）、リコリスと塩化アンモニウムが原料のサルミアッキ、そしていちごやベリー味。コーンの上にあふれんばかりにのった大きなアイスクリームをおいしそうに頬張る人たちを、そこら中で見かけます。25度を超える真夏日には屋台の前に長蛇の列ができ、飛ぶように売れていきます。住宅街には楽しげな音楽を鳴らしながら、アイスクリームの移動販売車がよく巡回しています。音楽が聞こえてくると、子どもたちがお小遣いを片手に家から勢いよく飛び出してきます。

　スーパーマーケットではフィンランドの大手乳製品メーカーIngmanのアイスクリームが、小分け包装から1L箱までたくさん売られています。

夜のビーチでひと泳ぎ　　no.078

　バルト海に面し、首都でありながら自然豊かなヘルシンキでは、海へのアクセスも容易です。ヘルシンキの海ではじめて泳いだ時の静けさと冷たさ、そして海から出た後の爽快感は今でも忘れられません。湖のようにおだやかで波のない海は、海水のにおいも気になりません。遠浅な場所が多いので、桟橋からはしご階段を使って海へ。

　夏の夜は、夕飯後に自宅から徒歩5分のビーチへよく泳ぎに行きます。いくつもの桟橋と泳げるスポットがあり、ひんやりと冷たい水が心と体を癒してくれます。ぷかぷか浮いていると、地球との一体感が味わえます。塩分濃度がかなり低いためほとんどべたつくことなく、泳いだ後もさっぱりしてリフレッシュできます。素晴らしい大自然を望みながら泳いでいると、心が洗われるよう。すぐそばをカモの親子が泳いで通り過ぎていったりします。犬専用のビーチまであります。

夏はヨットで群島めぐり　　　no.079

　フィンランド人の多くは、サマーコテージかヨットを所有しています。もしくは両方持っている人も。多くのフィンランド人男性は、家、車、ヨット、コテージ、サウナにお金と時間を費やします。ヘルシンキには327個もの島々があり、夏はヨットでその群島めぐりをするのが人気。心地のいい海風に、ヨットに掲げたフィンランド国旗がはためき、自慢の日焼けした肌でうれしそうに出航する姿は優雅で、ロマンを感じます。

　富裕層が多く住むヘルシンキ市内の島々などの海岸沿いには、ヨットハーバーが数多くあります。小さなボートから立派なクルーザーまで、多種多様な船が係留されています。夏の間は多くのヨットが海辺に浮いていますが、冬は海が凍るため、9月後半になると冬支度がはじまります。水から引き上げられ、海岸沿いの陸の上にカバーをかけられおかれます。

広大な空に浮かぶ熱気球　　no.080

　夏の夜散歩に出かけると、ヘルシンキの空にぷかぷかと熱気球が浮かんでいる光景を目にします。澄んだ青い空に映える赤色の熱気球は、この季節ならではのもの。ふとした瞬間に視界に入り、見つけるとうれしくなります。雨や強風の悪天候の日は飛ばすことができず、白夜のおだやかな天候の条件がそろった時にしか見られません。

　1時間の空の旅で、ひとり300ユーロから乗船できます。発着地はその日の風の流れによって変わり、ヘルシンキの海辺の地域を中心に、さまざまな場所から飛んでいます。出航する際は着地がどこになるかわからないというワクワク感も味わえます。無事に着陸すると、シャンパンを開けて飲むのがお決まり。気球体験の証明書ももらえます。低空飛行で空からヘルシンキの街を見渡す貴重な体験、いつかチャレンジしてみたいと思っています。

海辺にある昔と変わらない風景　　no.081

　日本人と同じで、フィンランド人は家に入ると玄関で靴を脱ぐ習慣があります。そしてどこの家庭でも、廊下やリビング、寝室に、昔ながらの製法で編まれたカラフルなマットを敷いています。ヘルシンキの海辺にはマット専用の洗濯場が点在していて、夏の天気のいい日に家中のマットを持っていって洗います。

　ゴシゴシッというマットを洗う音は、夏の風物詩。持参した洗濯ブラシと、松の木から抽出したオイルでつくられた自然由来の石けんを使ってよく洗い、バケツでくんだ海水で洗い流します。ローラー式手動脱水機で水をきり、干し竿にかけて後は自然乾燥。夏でも空気が乾燥しているため、あっという間に乾きます。現在では、環境への配慮からこの昔ながらの洗濯場の多くは住宅街の一角にある空き地へ場所を移し、使用した水は下水道へ流しています。それでも時々目にすると夏を感じられ、普段の生活を垣間見ることができます。

羊に会いに行こう　　　　　　　　　　no.082

　ヘルシンキ中央駅からバスに乗って30分ほどのLammassaari（羊の島）は、イッタラ・アラビア・デザイン・センターがあるアラビアンランタ地区からほど近い場所にあります。5月末になると、ボートに乗ってどこからか羊の群れがこの島に運ばれてきます。羊たちは放牧され、自由に歩きまわって草をはみ、9月までこの島で自由に暮らします。ランマスサーリは自然保護地区に指定されていて、週末になると、たくさんの人が自然のなかで羊との触れ合いを楽しむために訪れます。温厚な羊に触ることもでき、やわらかい毛を撫でていると癒されます。子どもたちに触られて羊たちもどこかうれしそう。

　アラビアンランタ地区から島までの間は湿地帯で、木の板が張られた自然遊歩道が2kmほど続いています。まわりには、背の高い植物のヨシが生い茂り、かき分けながら歩きます。バードウォッチングができる高台もあるため、多くの鳥愛好家もカメラを持って集まります。

美しい自然のなかで朝食を   no.083

　ヘルシンキから北へ100km、ハメーンリンナの町からほど近い場所にあるアウランコ自然保護区は、夏の保養地として人気。湖で泳いだり、ハイキングや乗馬、ゴルフ、アウトドアを楽しむことができ、私は毎夏、数日間はここでゆっくりと過ごします。とくに、ホテルのテラス席で朝食をとりながら見られる湖と森の景色がお気に入りです。
　朝、目が覚めると、少しひんやりとした空気と静けさに包まれた湖のほとりで、水面に映る木々を眺めながらのんびりと過ごします。ホテルの朝食はだいたいどこも同じで、オーツ麦のお粥プーロやパン、チーズにハム、ベリー類など。普段から食べ慣れているものも、身をおく環境や景色によっていつもより一層おいしく感じるから不思議です。フィンランドでは美しい自然の風景が何よりのごちそうです。

屋外コンサートの魅力　　　　no.084

　道端のストリートミュージシャンとは別に、夏の夜はバーやカフェで、誰でも気軽に楽しめる無料の屋外コンサートが開催されます。事前に店のウェブサイトやSNSで情報をチェックしてから訪れる人もいれば、たまたま散歩途中に遭遇して、立ち止まって聴いている人も。自由でカジュアルな雰囲気です。

　店側は生演奏の音楽があったほうがより多くの集客を見込め、アーティストはたいてい売り出し中で、より幅広い世代の人たちに知ってもらえるきっかけになるというメリットがあります。老若男女、リズムに乗って体を揺らしたり、立ち上がって踊り出したり、みんな夏の夜のひと時を謳歌しています。この夏のイベントのために、長い冬の間、一生懸命練習してきたであろうアーティストの姿を想像すると、より一層演奏が心に沁みて、応援したくなります。

キオスキの役割とは

no.085

　街歩きの途中で、ちょっとひと息つくのに便利なLippakioski。屋
根つきの売店のことで、1920年代にはじめてヘルシンキに建てられました。設計はヘルシンキ市職員で、建築家だったGunnar Taucher
が手がけ、機能主義の湾曲した美しいアーチ型が特徴。1940年代から1950年代にかけては、建築家のHilding Ekelundの設計で四角
型のキオスキが登場しました。当時はお菓子やソフトドリンクの売店
として利用されていました。

　ヘルシンキオリンピックが開催された1952年を機に建設が加速
し、現在でも市内に20軒ほど存在しています。そのうち10軒の売店
は、5月から9月までの期間限定で営業しています。アーチ型はエスプ
ラナーディ公園とカサルミトリ広場に。四角型は国立博物館公園や
熊公園、トーベ・ヤンソン公園などにあります。クリーム色の外観が目
印。テラス席はコーヒーを飲む人たちでにぎわいます。

自由でおおらかに育てる

no.086

　ヘルシンキの街の歩道脇には、色とりどりの花と緑が植えられています。ヘルシンキ市が管理していて、中心部のエスプラナーディ公園やオーディ・ヘルシンキ中央図書館前の100mもある長い花壇は、市民の癒しのスポットになっています。そのほか、公園や広場などの要所には、大きな丸い鉢に入った花が植えられています。どれもさまざまな高さの植物が大雑把にざっくりと植えられ、おおらかな雰囲気が漂います。大小異なる種類のカラフルな花の組み合わせは、この国の青い空と澄んだ空気によくなじみます。

　こまめに剪定などをして手を加えすぎず、お手入れは時々水をやる程度。自由にのびすぎてちょっと跳ねたり飛び出したりしても誰も気にしません。生きているものみんな、ありのままが美しい。花壇にも、フィンランド人の国民性がよくあらわれているように感じます。毎年少しずつ花の種類や組み合わせが変わります。

海辺のマリメッコのコテージで   no.087

　東ヘルシンキのヴオサーリ地区の森に、デザイン性の高いHotel Rantapuisto（ランタプイスト）があります。1960年代に銀行の研修施設として建てられた後、現在のホテルに改装されました。素敵な建築と内装、そして海辺のサウナが評判を呼び、主に国内から多くの人が宿泊に訪れます。

　ホテルの敷地内の森のなかには、サステナブルな三角屋根の木造小屋、Nolla Cabin（ノッラ キャビン）があります。ここにあるのはマリメッコとのコラボレーション版で、片方の屋根にはウニッコ柄が施され、ソーラーパネルが設置されています。再生可能な木材を組み合わせて設計され、解体して移動先で再度組み立てることもできます。室内に入ると木の香りが心地よく、すべてマリメッコのベッドリネンやクッションカバー、食器で統一されています。宿泊者が出す廃棄物はNolla（ノッラ）（ゼロ）がネーミングの由来。部屋のなかで静かな海を眺めていると、時間がゆったりと流れていきます。

大迫力の急流スポット   no.088

　イッタラ・アラビア・デザイン・センターからほど近いヴァンハンカウプンキ地区の周辺は、自然保護区に指定されています。その豊かな自然のなかに、清らかな水が勢いよく流れるVanhankaupunginkoski（ヴァンハンカウプンギンコスキ）急流があります。橋の上から大きな音で水しぶきを上げながら迫力ある急流を見ることができ、観光名所になっています。暑い夏の日に川に近づくと、ひんやりとして気持ちがいい。冬はすべてが凍りつき、氷のアートを見ることができます。下流では、春から夏にかけて地元の人たちが、淡水魚のパイクパーチやニジマスなどを夢中になって釣っている姿を目にします。

　すぐそばにLammassaari（ランマスサーリ）（羊の島）や、野鳥を観察できるバードウォッチングスポットも点在し、散歩コースに絶好の場所。アラビアへ買いものに行った時に、少し足をのばして立ち寄る癒しのスポットです。

市民菜園の奥深さ

no.089

　ヘルシンキ市内に9つのSiirtolapuutarha（市民菜園）があります。そのひとつで、中心部からほど近いクンプラ地区の市民菜園には、300㎡にもなる広大な敷地に268区画があります。それぞれの区画には小屋と大きな庭があり、花や野菜、ベリーなどが育てられています。ほとんどの小屋に水道はありますが、電気は通っておらず、夏の間だけ日帰りで通い、庭仕事を楽しみます。郊外のサマーコテージへ足を運ばなくても、近場でのんびりと過ごせるのも人気の理由。

　戦後の貧しい時代には、この市民菜園で市民たちが農作物をつくり、飢えをしのいだという歴史があります。「その人の本棚を見るのと同じで、庭を見れば人間性が見えてくる」——はじめてこの菜園を訪れた時、菜園で作業をしていた人からそう聞いたとおり、市民菜園の区画には、同じものはひとつもありません。

おばちゃんたちの手づくりカフェ　　no.090

　市民菜園のコミュニティでは、区画を所有する人たちが夏の週末に当番制で手づくりカフェをオープンします。敷地内の小屋のなかにはかわいいテーブルマットが敷かれ、菜園で摘んだ野花が飾られ、家族や友人をはじめ、一般客をもてなします。庭でとれた新鮮なベリーを使ったケーキやルバーブのタルト、フィンランドの伝統的な菓子パンなどが並び、すべて手づくり。コーヒーと一緒に、良心的な値段で振舞われるので大人気です。

　誰かの家に呼んでもらったようなアットホームな雰囲気が何よりの魅力。テラス席もあり、ギターを弾くおじさんがいたり、犬や子どもたちが元気いっぱいに走りまわったり。たくさんの笑顔があふれています。入り口にはもぎたてりんごや花がおかれ、「どうぞ自由に持ち帰ってね。パイにするとおいしいよ！」と書かれた貼り紙が貼ってあったりもします。

地域密着のREKOとは   no.091

　公正な消費を意味する「REKO」はスウェーデン語からきた言葉で、フィンランド語ではReilua kuluttamista。地産地消の新鮮な無農薬野菜や果物などを生産者と消費者が直接売買するコミュニティで、多くの人が利用しています。

　私の住む地域では2週間に1度、近所の学校の校庭で販売会が行われます。当日いきなり行っても購入できず、地域ごとのREKOのFacebookグループページがあり、そこから注文するシステム。Facebookのアカウントを持っていれば誰でも注文、購入できます。生産者が商品や収穫の様子の写真と説明文をアップし、消費者は希望する商品の投稿欄に、必要な数量をコメントに残せばオーダー完了！ 受け取り場所に生産者が車で運び、看板を持って待っていてくれるので、名前を伝えて支払い、商品を受け取ります。ベリー類や卵、オーツ麦粉など幅広い品ぞろえがうれしい。

住まいにかける情熱　　　　no.092

　広い敷地にサウナつきの家と庭を持つことは、多くのフィンランド人にとってあこがれのようです。Asuntomessut（住宅博）は毎年7月から8月頃に1か月間ほど開催される夏の一大イベントで、お祭りのようなにぎわいを見せます。

　フィンランドの各都市で毎年場所をかえて行われ、新しい住宅のトレンドを見学する絶好のチャンスとあって、連日多くの人が各地から押し寄せ、行列をつくりながら1軒ずつ見てまわります。冬の間、家のなかで長い時間を過ごすこの国の人たちの住宅にかける情熱は、並々ならぬもの。建築やインテリアデザイン、家具、設備、サウナ、ガーデニングの企業ブースも出展します。また、地方移住の誘致や、最新の住宅設備が披露され、さまざまな情報を得られるのも魅力。一日たっぷり楽しめます。期間中に何度も足を運ぶ人もいるほど見どころが満載です。

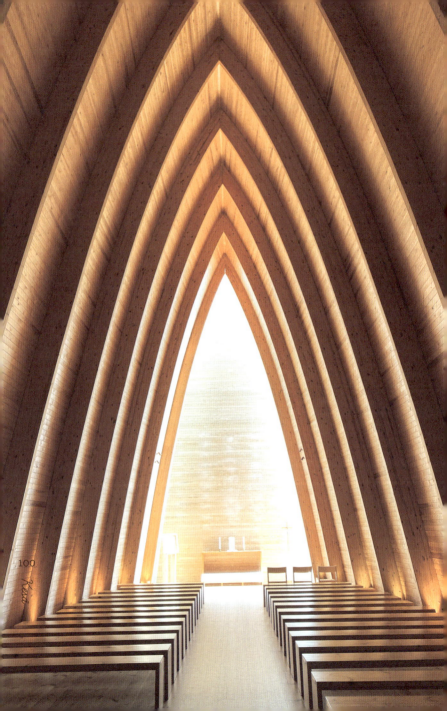

魚のような形をした礼拝堂　no.093

　フィンランドの旧都、トゥルク中心部から車で15分ほど、住宅街の丘の上に魚のような形をした木の礼拝堂、Pyhän Henrikin Ekumeeninen Taidekappeliがあります。2005年に完成したこのユニークな建築を設計したのは、建築家のMatti Sanaksenaho。彼が趣味の魚釣りをするためにラップランド地方へ出かけた際、工芸品の木彫りづくりを体験する機会がありました。その時に魚の木彫りを彫ったことからアイデアを得て、この魚の礼拝堂が誕生しました。

　内装には木材が使用されていて、木のぬくもりが感じられ包み込まれているよう。ガラス窓で覆われた祭壇脇から自然光が差し込むと、木の線がくっきりと浮かび上がります。音響効果にもすぐれ、ピアノの音色やコーラスの歌声などがやわらかく響きわたります。季節や時間帯、光の差し込む角度によってなかの雰囲気が変わります。夏に訪れた際はちょうど、結婚式を挙げるカップルを見かけました。

アコーディオンのアパート   no.094

　ヘルシンキの古いアパートの多くにはかごのようなバルコニーがついていて、屋根があるものからないものまでさまざま。築100年近くにもなる建物も、修復を繰り返しながら現在でも大事に使われています。1938年にLauttasaari島にHaitaritalo、「アコーディオンの建物」と呼ばれるアパートが建てられました。名前のとおり、音楽を奏でるような美しい線が特徴的で、フィンランド人建築家のNiilo Kokkoが設計。彼自身もここに住んでいました。ニーロ・コッコは、現在その地下フロアにアモス・レックス美術館が入っているラシパラツィ（ガラスの宮殿の意味）を設計したことでも知られています。

　このアパートは、海がある南向きに小さなバルコニーがついていて、それぞれ部屋に最大限の光が取り入れられるよう、また海の景色が望めるように設計されています。バルコニーには植木や椅子がおかれ、くつろぎの場として利用されています。

ハリネズミに注意してね

no.095

　北ヘルシンキのクンプラ地区でいちばん古いLimingantie通り(リミンガンティエ)には、1920年から1930年に建てられた歴史あるパステルカラーの木造家屋が立ち並びます。これらの古い木造建築は、何度も修復を繰り返しながら今もなお大事に引き継がれています。ヘルシンキ市内でゆったりとした庭つきの一軒家に住めると人気で、芸術家や音楽家などが多く暮らす閑静な住宅街です。周辺には植物園や市民菜園などもあり、自然を楽しみながら暮らすことができます。

　まるで絵本の世界に入ったような、平和で静かなリミンガンティエ通りには、小鳥のさえずりが響きわたり、カサカサと物音がする道路に目を向けると、ハリネズミが足早に目の前を横断していきます。この地域には、多くのハリネズミが生息していて、保護活動も盛んです。車にひかれないように、通りにはかわいいハリネズミのイラストが描かれた道路標識が立てられ、この地域の名物看板になっています。

地元の人でにぎわうバー　　　no.096

　北ヘルシンキのプーヴァッリラ地区は、昔ながらのパステルカラーの木造家屋が集まる人気の住宅街。1910年から1919年まで労働者のために建てられた住宅は、今では「プータロ（木造家屋）」に住みたい！ とあこがれている人も多くいます。家のなかからじっとこちらを見つめる人懐っこい猫や、窓際に飾られたおきものを見ながら歩くのも楽しい。

　ゆるやかな坂道を上ると、角にグリーンの建物があります。1986年から営業している地元では有名な、「小さなヴァッリラ」という名前のバー、Pikku-Vallila（ピック ヴァッリラ）です。色あざやかなテーブルと椅子が店先に並べられ、この地域に住むアーティストやミュージシャンをはじめ、地元の人たちの憩いの場。店内は心地のいいリビングのような空間で、散策途中にふらっと気軽に立ち寄れます。

カレリアの神秘的な景色を望む　　no.097

　フィンランド随一の美しい絶景を見渡すことができるコリ国立公園。ヘルシンキから北東へ500km、ロシア国境に近いカレリア地方にあります。カレリアは、フィンランド人の心のふるさとといわれ、フィンランドの国民的叙事詩カレワラは、フィンランド人の民族文化が色濃く根づくこの地域の言い伝えを書きつづったものです。

　国立公園内にある海抜347m、ウッコ展望台の大きな岩の上からは、ピエリネン湖を望むことができ、息を飲むほど美しい。天気が変わりやすく霧がかかると何も見えないため、すっきりと晴れてこの絶景を拝めるかは運次第。どこか神々しく、どの季節に訪れてもそれぞれ違った風景に出会えるので、何度でも訪れたくなります。フィンランドの芸術家たちはこの景色からひらめきを得て、作品をつくりました。たとえば作曲家シベリウスは交響詩「フィンランディア」を、画家Eero（エーロ）Järnefelt（ヤルネフェルト）はコリの風景を描き、アテネウム美術館に展示されています。

太陽のようなオレンジ色のベリー　no.098

　7月中旬から8月初旬の限られた時期に、ラップランド地方をはじめとする北部の湿地帯にクラウドベリーが自生します。太陽のような明るいオレンジ色のベリーで、フィンランドではLakkaやHillaと呼ばれています。この貴重なベリーは高級品で、摘んでそのまま食べるのはとてもぜいたくなこと。ヘルシンキでは、ジャムやリキュールに加工された商品が高く売られています。また、国産コスメブランドのLumeneのクラウドベリー配合の化粧水や美容クリームも、人気があります。

　小さな丸い実は、緑から赤そしてオレンジ色に変化します。艶が出てあざやかなオレンジ色になると、果肉が熟してやわらかく収穫のベストタイミング。甘酸っぱくて、なかにある種も全部食べられます。ビタミンCとEがたっぷり。自生する沼地には大きな蚊がたくさんいて、実は地面の近くになり、かがみながら摘まなくてはならないため体力を消耗するのが難点。フィンランドの2ユーロ硬貨にデザインされています。

歌って飲んで、ザリガニパーティー   no.099

　夏の高級食材といえば、Rapu（ザリガニ）。スウェーデン系フィンランド人にはよりなじみのある夏のごちそうです。大きな鍋に塩を入れ沸騰させ、クラウンディルという冠のような形をした強い香りのハーブをたっぷりと入れて、ザリガニを入れます。真っ赤にゆで上がったら汁ごとそのまま冷まして、ひと晩おいたらでき上がり！

　ザリガニパーティーは家族や友人とテーブルを囲み、ウォッカなど度数の高いお酒をショットで飲み、歌い、盛り上がります。日本人がカニやエビを手でむきながら食べるのと同じ感覚で、フィンランド人はザリガニ殻専用ナイフを使い、上手にむきながら食べます。新鮮な身は殻から綺麗にポロッと取れ、小さい身は味が濃厚で、やわらかくておいしい。スライスした食パンにバターをたっぷりと塗り、ザリガニの身とディルをのせて食べます。ザリガニ漁は毎年7月21日から10月末まで。

8月に注ぐ光は特別で美しい

no.100

　8月に入ると夏休みを満喫した子どもたちは学校へ戻り、多くの大人たちも仕事に戻ります。街からは国内の観光客が少しずつ姿を消していく一方で、夏休みが本格化する南欧からの観光客でにぎわいは続きます。朝晩は冷え込み、日も徐々に短くなっていきます。カモメの鳴き声もトーンダウン。空や風の様子が少しずつ秋へと移ろいゆくのを五感で感じて、センチメンタルな気分に。楽しかった夏の思い出に浸りながら、短い夏が終わるのを惜しみつつ、まだ余韻を楽しみます。そんな夏の終わりの夜、低い位置から差し込む太陽の光を Elokuun valo、「8月の光」といいます。フィンランド人にとって特別なもので、キラキラとした光はずっと見ていたくなります。
（エロクーン　ヴァロ）

　フィンランドの夏はちょっと大げさに感じるかもしれませんが、まばたきもできないほど、本当に一瞬。8月の光を見ながら、今を目いっぱい楽しむことの大切さをひしひしと感じます。

心地いい空間、アアルト建築

no.101

　ヘルシンキ市内のムンッキニエミ地区、Riihitie通り(リーヒティエ)の閑静な住宅街に、アルヴァ・アアルトの自邸があります。アアルトが妻アイノとともに1936年に設計し、40年もの間暮らした家で、アアルトは1976年にここで最後の時を迎えました。

　落ち着いた雰囲気のリビングの窓際には木材を使った重厚感のある家具がおかれ、その上に植物が並んでいます。アイノが好きだったゼブラ柄のファブリックの「アームチェア400タンク」とソファが、部屋のアクセントに。ピアノの上には、アイノの写真が飾られ、夫婦の心地いい暮らしぶりが感じられます。大きな窓からは、緑豊かな中庭が見えて、自然がいつも身近にあったことがうかがえます。現在は、アルヴァ・アアルト財団が管理と運営を担い、この自邸と近くにあるスタジオの両方を見学できるガイドツアーが人気です。

青いトラックにのせて新居へ　　　　no.102

　フィンランドの引越しは、家族や友人に声をかけて手伝ってもらいながら、自分たちで行うのが一般的です。引越し業者はいますが料金が高いこともあり、利用する人は少数派。助けが必要な時にはおたがいさまという精神で、人が集まります。引越しに必要な大きな車は、「パク」という青いレンタルトラックを事前に予約します。公共駐車場に車が停めてあり、鍵の開錠などはネットで行えてとても便利。ヘルシンキの中心部は、築100年以上の古いアパートが多く、昔ながらのせまいエレベーターが主流のため、大きな家具などを運ぶ際は階段を使います。力のある男性が4人ほど集まれば、あっという間です。

　引越しを終えたら、親しい人たちを呼んでハウスウォーミングパーティー、Tuparit（トゥパリット）を開きます。引越しのお祝いは、当分これで食べものに困らないようにという意味を込めて、「パン一斤と塩」を渡す習慣があります。

驚きの道路事情　　　no.103

　フィンランドの道路は、すべて無料で利用できます。制限速度は、市街地と市街地以外で異なるほか、季節によっても変わります。一年を通して、一日中ヘッドライトの点灯が義務づけられています。高速道路には自動交通監視装置カメラが設置され、スピード違反をした場合、収入に応じて罰金が徴収される仕組み。馬と同じくらい大きいヘラジカなどの野生動物が猛スピードで飛び出し車と衝突すると、運転手の命に危険が及ぶため、道路脇には高いフェンスが設置され、木が生い茂った高架の動物専用通路があります。
　ラップランド地方では、トナカイが道路の真ん中を走っているのは普通の光景で、対向車のドライバーがヘッドライトを点滅させ合図を送るのは「前方にトナカイの群れがいるよ」という意味も。都市部から離れた僻地の道路には、緊急時に飛行機や軍用機が離着陸可能な滑走路となる広大なスペースが確保されているところもあります。

黄金色に輝くひまわり   no.104

　夏の終盤、8月には各地で大輪のひまわり畑を見かけます。太陽があまり出ないため、背は低く細長いひまわりですが、一面、黄金色に咲く姿は圧巻です。ヘルシンキ市内では空港近くのハルティアラ農場のひまわり畑が有名で、ひまわり摘みができます。ヘルシンキ都市環境サービスのSNS上に「市民のみなさんは、家に飾る分だけのひまわりをどうぞ自由に摘んでください」という案内が出ると、みんな急いで畑に出向き、数本摘んで持ち帰って、自宅に飾るのが恒例です。1週間程度で、畑のひまわりのほとんどがなくなります。

　そして8月最後の土曜日は、「フィンランドの自然の日」。大自然のなかで暮らすフィンランドの人たちが、自然から得られる恵みにあらためて感謝する日です。時にきびしい自然のなかで、忍耐強くたくましく生きるフィンランドの人たちの姿は、ひまわりのように力強いと感じます。

これにて、夏はおしまい   no.105

　日が落ちるのが早くなったことを実感し、またあの暗い冬がやってくるのかと思うとなんとも切ない気持ちになります。毎年8月最後の週末はフィンランド全土で花火を上げるVenetsialaiset（ベネチアライセット）が行われ、夏の終わりを締めくくります。

　1500年に中国からイタリアのベネチアに花火が伝えられ、そこからフィンランドにも花火が広がり、ヘルシンキでは1840年からこの夏の終わりの伝統行事が行われてきました。昼は、地元の学校の子どもたちが参加するフリーマーケットや飲食店の屋台が出てにぎわいます。夜は音楽ライブが開催され、日が傾く頃、フィレナーレに花火が上がり、歓声と拍手に包まれます。そして最後の花火が夜空から消えると、ひんやりとした空気が流れ、静まりかえります。翌週から学生たちは新学期がはじまります。さあ、気持ちを入れかえて、また元気に過ごしましょう。

Syksy

秋

目を凝らしてきのこ探し

no.106

　夏は突然の土砂降りが頻繁にあり、9月から10月にかけてはシトシトと秋の長雨が続きます。森に自生するきのこは、この恵みの雨でじっくりと大きく育ちます。毎年同じ場所に生えることが多いです。たいていのフィンランド人はそれぞれ「行きつけの森」があり、そこに自分の好きなきのこをとるスポットがあります。それは秘密で、決してほかの人に教えません。どこにどのきのこが生えているかは、いろんな森を歩いて自分で見つけるもの。経験が必要なのです。

　フィンランド人がとくに好んで食べるきのこといえばTatti（タッティ）（写真）。イタリアではポルチーニ茸と呼ばれ、風味豊かでおいしい高級なきのこです。もうひとつSuppilovahvero（スッピロヴァハベロ）（ミキイロウスタケ）は黄色く細長い形をしていて、群生しているので見つけやすい。とったきのこは、自家製のパイやきのこソースにして食べます。食べきれない分は乾燥させて保存し、冬の間、スープなどに入れて食べます。

カンタレッリのクリーム煮

no.107

　オレンジっぽい薄茶色のKantarelli(アンズダケ)は、森のなかの湿地帯の1か所にまとまって自生していることが多く、ひとつ見つけるといくつもとることができます。見た目の色が落ち葉と似ていて見つけにくいので、目を凝らしながら歩いて探します。土のなかから抜くと、ほんのり甘い香りが漂うのが特徴的。きのこを綺麗にするための専用のハケを使って、土を取り払います。

　カンタレッリは生クリームとの相性がいいので、オリーブ油でみじん切りにした玉ねぎと一緒にさっと炒め、生クリームを入れて煮詰めるカンタレッリのクリーム煮をよくつくります。とれたての新鮮なカンタレッリはほどよく歯ごたえがあり、滋味深い味わい。クリームパスタやリゾットともよく合います。ビタミンDやカリウムが多く含まれ、身体にもいい秋の味覚です。

長蛇の列ができる理由   no.108

　フィンランドには、Ilmainen ämpäri（無料バケツ）の文化があります。新しい店がオープンする際、開店記念品として、当日先着100名限定で店の商品がいろいろ入った大きなバケツを無料で配布するのです。店に並ぶ習慣がほとんどないフィンランド人が、この時ばかりは無料バケツ目当てに長蛇の列をつくります。マイペースな人たちですが、無料と聞けば足早に集まり、雪のなかでも並ぶから驚きます。

　帰りはみんなそろって店のロゴ入りバケツを片手に去っていき、その後ろ姿がちょっとほほえましい。これが宣伝効果を生み、まわりの人たちは、あそこに店が新規オープンしたんだとわかります。そのほか、選挙前に各政党がPR用にグッズ入りの無料バケツを配布するなど、さまざまな場面でバケツに遭遇します。

おしゃべりが弾む、屋外喫茶店　　no.109

　地元の人が多く利用する庶民派のハカニエミマーケットの広場には、年季の入ったマグカップの形をした看板が掲げられたオレンジ色のテントがあります。ここは地元客が集まる喫茶店。いつもテントの下から、広場中に響きわたるくらい大きな話し声や笑い声が聞こえてきてにぎわっています。朝早くから営業しているので、地元の高齢者たちなどが新聞を片手にモーニングコーヒーを飲みながらゆったり過ごしています。店員が常連客に、「コーヒーのおかわりは？」「菓子パンはどう？」と声をかけ、なんともアットホームな雰囲気。

　週末はおじさんグループのバンドライブが行われることもあり、広場にちょっと懐かしい感じの歌謡曲が流れます。買いもの客も含め、その場に居合わせた人たちが一緒になって踊りだしたりして大いに盛り上がります。飾らない、ありのままのフィンランド人の日常を見られる喫茶店は、どこか懐かしく哀愁漂う感じが魅力です。

スパイスいろいろ、サーモン！　　　no.110

　ハカニエミマーケットの鮮魚店では、新鮮なサーモンや白身魚が売られています。フィンランド産サーモンはノルウェー産にくらべて割高なため、多く出まわっているのはノルウェー産です。

　店は昔ながらの対面形式で、店の人と話しながら注文します。お刺身で食べたい、と伝えるととくに新鮮なサーモンを出してくれます。味つけされていないもののほかに、スモーキーな香りを楽しめる燻製や塩漬けサーモンなどもあります。塩漬けサーモンは生のまま粗塩とスパイス、ハーブで漬け込んだもので、その昔、冷蔵設備のない漁船で漁師たちが釣った魚の腐敗を防ぐため、塩漬けしたことから生まれました。レモンやディル、粒こしょう、ピンクペッパーなどさまざまなスパイスが使われています。塩分がよくきいているため、スライスしたライ麦パンにのせて食べるのが定番です。

いつまでも座っていたくなる椅子　no.111

　ヘルシンキ中心部にあるアカデミア書店の1階に、スターバックスコーヒーがあります。落ち着いた雰囲気の店内には、フィンランド人デザイナーIlmari Tapiovaara(イルマリ タピオヴァーラ)がデザインした「ドムス・ラウンジ・チェア」の椅子がおかれています。タピオヴァーラは「すべての人の暮らしによいデザインを」というモダニズム思想から、多くの人が座った時に、心地いいと感じられる椅子をつくりました。

　バーチ材で組み立てられた丸みを帯びた骨組みが特徴的。なめらかにカーブした背面と座面は一体化していて、上質な革張りが施されています。短めのひじかけは、立ったり座ったりしやすい。幅広の背もたれは体を包み込むように支えてくれ、ずっと座っていたくなる心地よさがあります。丈夫でシンプルなデザインで、いつまでも長く使えます。書店をのぞいた帰りに年季の入ったこの椅子に座り、コーヒーでひと息つく時間は至福のひと時です。

フィンランドデザインに夢中 no.112

　毎年9月に、ヘルシンキ・デザイン・ウィークが開催されます。そのメインイベントHabitare（ハビターレ）は国内最大規模のインテリアや家具の見本市。市内のコンベンションセンターで行われ、毎年国内外から4万人以上もの人たちが参加します。

　近年はとくに、より環境にやさしくサステナブルなデザインが支持されることから、国産の素材や材料を使い、メイド・イン・フィンランドにこだわってつくられたブランドが注目を集めています。各ブランドのセンスが光る展示も、見どころのひとつ。天井から吊り下げたダイナミックな布の演出や趣向を凝らした素敵なディスプレーの数々など、デザインの国フィンランドらしさが詰まっています。インテリアやデザインに興味がある人やバイヤーなども詰めかけ、じっくり見てまわると数日間はかかるほど見ごたえがあります。インテリアデザイナーによるスピーチやワークショップなどもあり、興味深い裏話やトレンドを学べます。

年齢に関係なく生涯学ぶ　　no.113

　フィンランドでキャリアチェンジはごく一般的で、年齢に関係なく大学へ通い直したり、資格を取るために専門分野について学べる学校へ通ったりと、生涯学ぶ環境が整っています。フィンランド人は学費が無料、ということも後押ししているのかもしれません。逆にいえば、資格や専門性がないと仕事に就きにくい社会です。

　会社勤めの人はOpintovapaa（オピントヴァパー）（学業休暇）のシステムを利用することが多く、現職に役立つ資格やスキル、知識を得るためにあらためて大学院に通って学びます。最長2年間休職でき、職を失わずに学業に専念できます。再び職場に戻ってきた後はより高い専門性をいかして働くことができ、キャリアアップや昇給も期待できるため、会社にとっても本人にとってもプラスの影響をもたらします。また、自分にしかできない仕事をしたいと考える人が多く、起業する人も少なくありません。9月5日はYrittäjän päivä（ウリッタヤン バイヴァ）（起業家の日）。

歴史ある島で現代アートを楽しむ　　no.114

　マーケット広場からボートで20分。Suomenlinna島の隣にある小さな島、Vallisaari島で現代アートの国際展、ヘルシンキ・ビエンナーレが開催されます。街の中心部にあるヘルシンキ市立美術館でも展示が行われますが、この島がメイン会場。国内外から多くのアーティストが参加します。

　ヴァッリサーリ島はその昔、要塞として軍人が住み、銃弾や火薬を保管する倉庫がおかれていました。2008年まで国防軍の軍事基地として使用されていましたが、2016年以降、一部をのぞいて一般公開されアクセスできるように。当時の建物がそのまま残され、手つかずの豊かな自然があり、自然保護区になっています。近年はヘルシンキ・ビエンナーレの展示会場として知られるようになり、多くの人が夏から秋にかけて訪れます。自然遊歩道を歩き、島の歴史を感じつつ、野外や旧倉庫内に展示されているアートを鑑賞します。

私のパワースポット   no.115

　ハメーンリンナそばにあるアウランコ自然保護区内の丘の上に、高さ33mの石づくりの展望台があります。1907年につくられたもので、急な螺旋階段を上りきると屋外に出ます。どこまでも無数に木々が並び、押し寄せてくるかのような森の風景は圧倒されるほどで、ものすごいエネルギーを感じるパワースポット。深呼吸をして澄み切った綺麗な空気を体中に取り込むと、心身が深く満たされる感じがします。眼下にはヴァナヤ湖が広がり、夏は湖畔のコテージで過ごす人たちが楽しげに泳いでいる姿が見られます。

　展望台に上れるのは5月から10月末の間のみ。いつ来ても違った美しさがあり、まだ緑の葉と黄色く色づいた葉がかさなりあう秋の景色も素晴らしい。100年以上も前から、多くの人たちがこの景色を見るために訪れたというのも納得です。展望台の向かいにはかわいらしいカフェがあり、ひと息つくことができます。

迫力ある熊の一家

no.116

　アウランコ自然保護区内の石づくりの展望台から少し歩いて、急な階段を降りていくと洞窟があります。そのなかに熊の一家の彫刻像「熊たち」が、威風堂々と立っています。この作品はフィンランド人彫刻家が1906年に制作したもので、親熊によじ登って無邪気に遊びまわる子熊たちの様子が躍動感にあふれていて、間近で見ると本物さながらです。洞窟のなかは少しひんやりしていて、ベンチに座ってひと休みするのにもちょうどいい。ベンチからは、森と湖の風景を望むことができます。

　そこからさらに階段を下っていくと、湖畔をハイキングできる自然遊歩道に出ます。湖には泳げるスポットやBBQができる小屋があり、森では8月末から10月上旬頃までリンゴンベリー摘みを楽しめます。馬専用の乗馬道もあり、時折優雅に歩く馬に遭遇することも。まるで絵本のなかにいるような気分を味わうことができます。

街全体が色づく時　　　　　　　　no.117

　フィンランドの秋はとても短い。例年Ruska（紅葉）は、9月下旬から10月にかけて楽しむことができ、この時期のヘルシンキはまだ暗さや寒さを気にせずに、街路樹や森の紅葉を観察しながら散歩ができます。木々の葉っぱが黄色やオレンジ、真っ赤に染まり、日が差すと色とりどりに輝く風景はため息が出るほど美しい。

　10月半ばになると、風に吹かれて散りはじめ、葉っぱの絨毯のような道を歩くと乾燥したカサカサという音がします。この時はまだ落ち葉の色であたりは明るいのですが、この後、地面に溜まった落ち葉の回収が行われます。大きな音を立て、ブロワーを使い豪快に吹き飛ばすので、落ち葉と一緒にホコリが空気中に舞います。歩道などの一角に積み上げられた落ち葉は大きな重機で一気に集められ、あっという間になくなります。するとその日から街の景色は一変し、色がない灰色の世界に。何度経験しても、切ない気持ちになります。

暮らしに欠かせない市民の足　　　no.118

　ヘルシンキの街角にキキキィーと大きな音を響かせながら、緑色のトラム（路面電車）がせまい路地をなめらかに曲がり、走り抜けます。中心部はどこも歩いてまわれるほどコンパクトな街ですが、雨や雪で足元の悪い日や、寒い冬に出かける際は、気軽に乗り降りできて便利。新型のトラムは乗車口の段差がなく快適です。中央の乗車口付近にはベビーカーや車椅子が乗れるスペースが確保され、いちばん前（運転手の真後ろ）の横並び2席は犬と同伴できます。

　今も現役で趣のある旧型のレトロな車両が走っていて、街の雰囲気になじんでいます。3番と10番路線はアール・ヌーヴォー様式の重厚感がある建物の前を通るので、建築物の見学も楽しめます。車窓からは同じ目線で、そこに暮らす人たちの日常を垣間見られるのも魅力。貸切りバー仕様の赤い車両Koff（コフ）をはじめ、マリメッコやムーミンの広告が貼られたラッピングトラムも登場します。

日課のコーヒー休憩

no.119

家族や同僚から"Kahvi on valmista！(コーヒーができたよ!)"と声がかかると、みんなうれしそうに集まってきます。Kahvitauko（コーヒー休憩）は少しホッとひと息ついて気持ちを入れかえる、毎日欠かせない大切なひと時です。

フィンランド人はコーヒーの消費量が世界でもトップクラスといわれ、一日3〜4杯を飲みます。朝起きて1杯、出勤後に1杯、ランチの後に1杯、午後の休憩に1杯というように生活の一部になっていて、ちょっとした楽しみの時間です。とくに日照時間が少ない冬は一日中眠たくなりがちのため、覚醒作用や眠気取りの効果があるとされるコーヒーをよく飲みます。フィンランド人にとって定番のコーヒーは、浅煎りで酸味が強めのPaulig社のJuhla Mokka。コーヒー休憩ではコーヒーを飲むだけのこともありますが、たいていはシナモンロールやサワークリームを使ったRahkapullaなどの甘い菓子パンを一緒に食べます。10月1日は世界共通のコーヒーの日。

仕事終わりの過ごし方　no.120

　多くのフィンランド人は、仕事以外のプライベートな時間を家族、ス ポーツ、趣味に使います。スポーツは欠かせないもので、熱心にジョ ギングをしている人をよく見かけます。公園にある屋外筋トレマシー ンは無料で、誰でも利用可能。肥満が大きな社会問題でもある一 方、筋肉を蓄えたスポーティーな人も男女問わずいます。

　冬のきびしい寒さ、過酷な気候のなかで生活していることや、緊 急性が高くない限り、待ち時間がとても長く気軽に診てもらうことが できない医療事情があるため、普段から運動をして、健康管理に気 を使っている人が少なくありません。よく食べ、よく寝て、ほどほどに 働き、よく運動し、家族との時間をじっくり楽しみます。夕方6時頃に なると、夕飯を終えて散歩やスポーツをする人たちで海辺や公園がに ぎわいます。冬は家にこもる時間が長くなりますが、室内運動施設を フル活用します。

公私ともに無駄のないメール no.121

　一般的にフィンランド人は、簡素なコミュニケーションを好むように感じます。日常会話のなかや、何かを依頼する時でも遠まわしな表現はあまり使いません。それはプライベートだけでなくビジネスでも同じで、単刀直入に用件のみを伝えます。複雑で何がいいたいのかよくわからないメールや長いメールは飛ばされて、読んでくれない可能性もあります。メールの返信自体を忘れられることもしばしば。短くてわかりやすい文章だと返信率が上がります。

　ビジネスのメールでははじめと終わりにあいさつ文をつけず、用件のみのシンプルな1文だけというのもよくあり、返信は「OK」だけというのもごく普通。英語のビジネスメールの最後に、差出人の名前の前につける「Kind Regards,」のフィンランド語版は、「Ystävällisin（ウスタヴァリシン） terveisin（テルヴェイシン）」ですが、簡単に「Terveisin（テルヴェイシン）」、さらに略して「T.」のように書くこともあります。

心のよりどころ、神聖な場所　　　　　no.122

　フィンランドでは湯船につかる習慣がなく、普段は簡単にシャワーだけで済ませます。そのかわり、人によって頻度はさまざまですが、週1回程度サウナに入る人が多いようです。ヘルシンキのアパートにはサウナルームつきの物件があるほか、中心部などの古いアパートには建物の地下に共有サウナがあり、住民は毎月使用料を払い、予約制で使うことができます。まれにクールダウンできる小さなプールがついているアパートも。とくに寒い冬は唯一、体をあたためリラックスできる心のよりどころのような場所がサウナで、生活に欠かせません。熱々のサウナストーンに水をかけて、ロウリュの蒸気を楽しみます。

　フィンランドの人口約560万人に対して、サウナの数は推定300万以上といわれているから驚きです。サマーコテージや職場、ホテルにもあり、公共サウナなどの施設も豊富。その昔、サウナでお産をしたり、亡くなった人の体を洗ったり、神聖な場所でもありました。

サウナグッズを買うならここへ

no.123

　ヘルシンキ市内の森のなかにあり、惜しまれつつ閉店したカウリラン・サウナ。そのオーナーが、サウナグッズを販売するセレクトショップKaurilan Sauna Shopを営業しています。

　ムンッキニエミ地区の公園通り沿いにあり、知る人ぞ知る店。3階建ての店内には、サウナ室のなかで使うブルーベリーの形をしたハットやストーン、肌に塗って使う泥炭クリームなどが並んでいます。そのほかにもアロマオイルやキャンドル、リネンのガウンなど上質で身体にやさしいこだわりの商品がずらり。ナチュラルコスメも取り扱っています。オーナーのセンスが光る品ぞろえと素敵なディスプレー目当てに通う常連客も多くいます。近くにあるアアルト自邸へ行く途中に立ち寄るのもおすすめです。不定期で閉まることがあるため、SNSで事前に営業時間を確認してからお出かけを。

身体と地球にやさしい食の選択肢   no.124

　10月1日は世界ベジタリアンデー。フィンランドの多くのレストランやカフェには多様な食習慣の人に合わせた選択肢として、ベジタリアンとヴィーガン対応のメニューがあります。メニューにはヴィーガン対応の「VE」など一目見てわかるように表記され、特定の食材などにアレルギーがある場合は、事前に伝えると柔軟に対応してくれます。

　温室効果ガスの排出量を減らすために肉の消費を減らす、プラントベース（植物由来）の食事を取り入れる人も増えています。完全にヴィーガンではないけれど、週1回は植物性のみの食事をしているという人も。とはいえ寒い気候で、夏以外は新鮮な野菜の種類がかなり限られるため、フィンランドで完全菜食者として暮らすのは大変かもしれません。スーパーマーケットの「VEGE（ベジタリアン）」コーナーには国産そら豆100％の代替肉が売られていて人気です。「おいしい」菜食レストランは、ヘルシンキではまだまだ少ないのが現状です。

極夜を乗り切るための必需品　no.125

　日照時間が非常に短い極夜が続く10月中旬から12月にかけて、子どもから高齢者までみんなが必ず身につけているのがHeijastin（ヘイヤスティン）（リフレクター）。街灯も少ないなかで交通事故に遭わないために、屋外に出る時は欠かせません。車に自分の存在をアピールするためで、ジャケットの裾や腕につけたりするほか、バッグにリフレクターキーホルダーなどをぶら下げることで歩くと揺れてより効果的。人間だけでなく、散歩する犬の体やリードにも使用されています。10月1日のヘイヤスティンデーには街でリフレクターが配られ、市民に注意喚起を行います。フィンランドブランドのAarikka（アーリッカ）やPentik（ペンティック）からはかわいいデザインのものが販売されていて、軽くてかさばらないのでギフトにも人気。

　そのほか、日照不足による体調不良を防ぐため、ビタミンDの錠剤や太陽光ライトの使用も積極的に生活に取り入れます。

赤いベリーのヘルシーなおやつ   no.126

　秋の味覚、Puolukka(リンゴンベリー)は、森でたくさん摘むことができます。ヘルシンキではブルーベリーのシーズンより少し遅れて、真っ赤な実がなります。森のなかで見つけやすく、ポロポロと簡単にとれるので摘みやすいベリーです。

　朝食のヨーグルトに入れてそのまま食べてもいいですが、酸味が強いリンゴンベリーはパイに入れるとより食べやすくなりおいしい。家庭でよくつくられるのがPuolukka-kaurapiirakka(リンゴンベリーとオーツ麦のパイ)。食物繊維たっぷりのオーツ麦とビタミン豊富なリンゴンベリーを組み合わせたデザートで、オーツ麦もフィンランドでたくさん栽培されています。リンゴンベリーとメープルシロップ、溶かしたバター、オーツ麦をたっぷり入れて全体をよく混ぜて、型に入れオーブンで焼くだけ。熱々のうちにバニラクリームをたっぷりとのせていただきます。安価で簡単につくれて、ヘルシーなおやつです。

酸っぱいりんごの食べ方 no.127

　子どもから大人までみんなが大好きなりんごの季節がやってきました。りんごはOmena、愛称Omppuと呼びます。さまざまな種類のりんごがありますが、一般的に小ぶりで酸っぱいのが特徴。秋のこの時期、庭や道端のりんごの木にたわわに実り、緑色から徐々に赤く変化し、熟してきたら食べ頃です。鳥につつかれないうちに急いで収穫しなくてはなりません。「家の庭でとれたので、どうぞ」と箱にたくさん入れて家族や友人たちがお裾分けしてくれるので、毎年いろいろつくって秋の味覚を楽しみます。

　そのまま食べてもいいですが、しゃりしゃりとかための食感で酸っぱいので、デザートにするのが向いています。オーブンでじっくりと焼いてやわらかくなると、甘みが増してより食べやすくなります。オーツ麦とあえてオーブンで焼きバニラアイスクリームを添えて食べたり、パイやジャムにしたりといろいろ楽しめます。

意外な組み合わせにびっくり　　　no.128

　まるでハンバーグかと思うほど大きなサイズのまん丸なLihapulla（リハプッラ）（ミートボール）は、フィンランドの名物料理。国産牛100％を使用し、しっかりとしたかみごたえのあるミートボールにはなめらかな舌触りのマッシュポテトを添え、リンゴンベリーの酸っぱいソースをたっぷりとかけていただきます。

　はじめて見た時はお肉とベリーの組み合わせに少し戸惑いましたが、お肉をさっぱり食べられて相性抜群。トナカイの肉料理にもリンゴンベリーが添えられます。熟した真っ赤な実が、口のなかでプチプチと弾けるのも楽しい。リンゴンベリーはすぐれた抗酸化力がありとても身体にいいといわれ、よく食べられます。街中の伝統的なフィンランド料理を提供するレストランには必ずといっていいほどこのミートボールがメニューにあるので、ぜひお試しを。

ラハカのパッケージ表記を見ると

no.129

　フィンランドの乳製品は種類が豊富。なかでもフィンランド人が好きなRahka（ラハカ）はクリームチーズに似た濃厚な味わいで、ヨーグルトのような感覚で食べられます。ラハカでポピュラーな商品のひとつが、Proteiinirahka（プロティーニラハカ）。高タンパク質で甘味料不使用、無糖、乳糖（ラクトース）不使用でヘルシー。腹持ちもよく、朝食として、またスポーツの後に食べたり、デザートや間食にも重宝します。

　商品のパッケージにはSokeroimaton（ソケロイマトン）（砂糖不使用）、Laktoositon（ラクトーシトン）（ラクトースフリー）と表記があります。「〇〇ton（トン）」はフィンランド語で「〇〇は不使用」という意味で、アレルギーがある人や健康志向の人たちからも支持されています。さらにValvottua eläinten hyvinvointia（ヴァルヴォットゥア エラインテン フウヴィンヴォインティア）（動物福祉）と書かれているものは、動物の飼育方法に配慮された商品です。

オーツミルクが人気　　　no.130

　フィンランドでは人口の17％の人が、乳糖不耐症といわれています。牛乳を飲むと消化不良や腹痛などの症状が出るためラクトース（乳糖）フリーの牛乳が一般的で、レストランやカフェでは「L」と表記されています。

　植物性ミルクの選択肢も幅広く、オーツミルクやココナッツ、アーモンド、豆乳などがあります。とくに、クリーミーな味わいで食物繊維が豊富に含まれるオーツミルクがポピュラー。カフェでカフェ・ラテを注文すると、"Normaali maito vai kauramaito?（ノルマーリ マイト ヴァイ カウラマイト）（ラクトースフリー牛乳？ それともオーツミルク？）"と毎回聞かれます。セルフサービスでカスタマイズできるカウンターにも、ラクトースフリー牛乳の横にオーツミルクが並んでいて、その日の気分や体調に合わせて選べます。

今年も漁師たちがやってきた！　　no.131

　フィンランドではニシンがポピュラーで、よく食べられます。ヘルシンキのニシン市はフィンランド最古の伝統行事のひとつで、1743年から今もなお毎年10月に1週間ほど開催されます。マーケット広場の港には、オーランド諸島をはじめ国内から漁師たちが年季の入った木造の漁船に乗ってやってきて、港は一気ににぎやかに。船の上に商品を並べて販売する昔ながらのスタイルで、ニシン市の伝統を守り漁師を支援することが目的です。

　目玉商品はニシンの酢漬け。日持ちする保存食で、店ごとに味つけが異なります。伝統的な酢だけで漬けたものから、マスタードや唐辛子、ディル、玉ねぎやにんにくなどと一緒に漬け込んだユニークなものまで自慢の味がずらりと並びます。甘い香りの群島パン（モルトパン）の上にのせて食べるとおいしい。普段なかなか交流する機会がない漁師たちと話せる貴重な機会でもあり、会話が弾みます。

どのカフェにする？　　　　　　　　　　no.132

　ヘルシンキのカフェ文化は魅力的。この国の人たちはコーヒーをよく飲む習慣があるため、おいしいコーヒーに合う菓子パンやケーキなどを提供するカフェが、小さなヘルシンキの街にたくさんあります。歴史ある老舗からチェーン店、個性派やトレンドをおさえた店までバラエティーに富んでいます。友人と会う約束をする時、どこのカフェで待ち合わせをするか頭のなかにいろんな店が思い浮かび、その選択肢の多さにいつも迷ってしまうほど。

　なかでも私のおすすめは、歴史を感じられる素敵な内装のEkberg Café（エクベリ カフェ）や大聖堂が望めるCafé Engel（カフェ エンゲル）、そしておいしいケーキがそろうKarl Fazer Café（カール ファッツェル カフェ）の本店。ひとりで気軽に立ち寄れるアカデミア書店内のCafé Aalto（カフェ アアルト）やアテネウム美術館内のカフェも人気です。とくに秋から冬にかけて、カフェはおいしいものを食べながら親しい人と話す社交の場として、また、ひとりリラックスして過ごす大切な場所です。

おいしいプッラを求めて

no.133

　10月4日はシナモンロールの日。シナモンロールはフィンランド語でKorvapuusti（コルヴァプースティ）といい、「平手打ちされた耳」を意味します。その名前の通り、潰れた耳のような形をしていて、シナモンとカルダモンのスパイスとバターがふんだんに練り込まれた弾力のある生地が特徴です。表面は香ばしくなかはしっとり、仕上げのパールシュガーが上にのっていてサクサクとした食感がアクセントになります。

　シナモンロールは多くのカフェやベーカリーで提供されていて、味、生地のモチモチ具合や大きさもさまざま。それぞれの店のオリジナリティが感じられて、食べくらべてみるとおもしろい。バターや砂糖がたっぷりと使われていて高カロリーなシナモンロールは、お腹も心も満たされます。寒い国のため、体をあたためる効果が期待できるスパイスは、ほかのPulla（プッラ）（甘い菓子パン）にもよく使われています。

変わりつつある郵便局　　　　　　no.134

　近年Posti（ポスティ）（郵便局）はIT化の影響による紙の郵便物の減少にともない、郵便局自体の数や局員が減っています。手紙などの郵便配達はなんと週2回のみ。郵便局ではスタッフのいる窓口の数が減り、セルフレジ機が設置され、荷物の発送はセルフサービスが主流です。荷物の配達は、基本的に家までは持ってきてもらえず（有料でのサービスはあり）、受け取りはコンビニのような店のR-kioski（アールキオスキ）や商業施設内にある無人ロッカーで、セルフサービスで行います。

　ヘルシンキ中央駅前にあるPostitalo（ポスティタロ）は、フィンランド人建築家Jorma Järvi（ヨルマ ヤルヴィ）とErik Lindroos（エリック リンドルース）によって設計され、1938年に完成しました。もともとは中央郵便局として建てられましたが、現在は、郵便局のほかに、スーパーマーケットや病院の検査機関などが入っています。郵便局内はおしゃれな空間で、フィンランドらしいデザイン性の高い切手も販売されています。

一日1食はあたたかいメニューを   no.135

　フィンランドでは、食事を一日4回に分けて食べる習慣があります。Aamupala（朝食）はオーツ麦のお粥プーロなどで簡単に。Lounas（昼食）は一日のなかでメインとなる食事で外食が多く、あたたかいメニューがビュッフェスタイルで提供され、ワンプレートに好きなものをとって食べます。会社勤めの人は一般的にランチカードが支給され、社員食堂や自分の好きなレストランで利用できます。Illallinen（夕食）は軽めにとり、夜寝る前に夜食のIltapalaとして、パンにチーズをのせたものなどを軽く食べてから眠りにつきます。

　子どもたちには小学校から高校まで、あたたかいランチが無料で提供されます。2か月間の長い夏休みには子どもたちが食事に困らないように、また働く親の負担を減らすため、ヘルシンキ市内の公園で16歳までの子どもたち向けに無料のランチが提供されます。これは市の伝統的な取り組みで、一日1回あたたかい食事が保障されています。

金曜日はピザの日

no.136

　多くのフィンランド人は、ピザやハンバーガーが大好き。地方の小さな村でさえ、ピザやハンバーガーの店があります。なかでも「ピザの家」を意味する店名のKoti Pizza(コティ ピッツァ)が有名で、全国に約300店舗展開しています。また、近年ヘルシンキでは、本格的なナポリ風ピザから全粒粉やライ麦入りのヘルシー系のピザまでさまざまなピザを提供する店がオープンし、選択肢が増えています。人気のトッピングはブルーチーズ、にんにく、パイナップルなど。サーモンやディルがのったピザもあります。

　この国で金曜日はすでに週末モードのため、Pizza perjantai(ピッツァ ペルヤンタイ)(金曜日のピザ)が定番。仕事終わりにピザの箱を抱えて急いで帰宅する人をよく見かけます。直径30cmもある大きなピザを、各自1枚食べるのが基本。ピザのお供はビール。1週間がんばった自分へのご褒美を楽しみながら、週末を迎えます。

「サーオッター」とは？　　　　no.137

　物価の高いフィンランド生活のなかでよく見かけるのが、「Saa ottaa!（どうぞご自由にお取りください！）」の文字。店の入り口やアパートの共有の場に、この貼り紙がされたかごや段ボール箱がおいてあります。なかには不要になった衣類や本、食器などが入っています。サーオッターの貼り紙の前ではみんな足を止め、気になったものを手に取って持ち帰ります。自分にとっては不要なものでも、他人にとっては価値があり必要なものも。捨てるのはもったいなくて気が引ける……。そんな時にとても便利なシステムです。

　さらに、自分の住んでいる地域のSNS上のコミュニティグループに参加し、活用する方法も。無料の不要品から売買まで盛んなやりとりが行われます。不要品を投稿すると、近所に住む人たちからメッセージが届き、自宅まで引き取りに来てくれます。配送事情があまりよくないこともあり、素早く対面で受け渡しができる点もメリットです。

読書が大好きな国民性 no.138

　冬が長く寒さがきびしいフィンランドでは、家で過ごす時間がとても長く、そのなかで数少ない娯楽のひとつが読書です。フィンランド人は書店や図書館に頻繁に足を運ぶ習慣があり、読書は勉強や知識を得るためだけではなく、現実とは別の世界に没頭できる大切なリラックスタイム。現在でもクリスマスプレゼントに、紙の本を贈る文化が根強く残っています。

　また、ひとり当たり年間約13冊の本を借りるほど、図書館の利用率も高い。長い夏休み前になると、お父さんと子どもが一緒に図書館を訪れて、たくさん本を借りていく姿を見かけます。ヘルシンキ中央駅のそばには、「みんなのためのリビングルーム」というコンセプトのオーディ・ヘルシンキ中央図書館があります。3階建ての図書館で、みんな思い思いに自分の時間を過ごしています。波打つような曲線を描いた外観は、一度見ると忘れられないほどのインパクトがあります。

キャッシュレス社会 　　　　　　　　　no.139

　フィンランドの生活のなかでは現金を使う場面がほぼなく、見かける機会もまれなほどキャッシュレス決済がポピュラーです。普段の買いものは、銀行のキャッシュカードとデビットカードが一体型のカードでタッチ決済します。即時口座から引き落とされ、いつでも銀行のアプリで口座の引き落とし額を確認できます。安全面から50ユーロ以上の会計の場合、暗証番号の入力が求められます。ポイントカードなどを導入している店も少ないので、会計はあっという間で、ストレスフリーです。

　個人間で中古品など売り買いする場合は、電子決済サービスのMobilePay（モバイルペイ）を使い、相手の携帯番号と金額を入力して即座に支払いが完了します。ごくまれに現金が必要になるのは、有料の公衆トイレを利用する際や、フリーマーケットでの支払いなど。少額の現金は持っておくとより安心です。

大事なのは人間性

no.140

　フィンランドの人たちは、基本的に他人のことには無関心な人が多いように感じます。自立し、地に足をつけて生きていくことが大切とされる社会のため、フィンランドで成人とされる18歳になると、親子別々に暮らすのが一般的で、ある一定の距離感を保って大人として付き合います。

　自分は自分、あなたはあなたと割り切り、人とくらべることなく、過度な干渉もせず、心地のいい距離感で接します。日常生活において、多くのフィンランド人は相手の肩書きやどの大学を卒業し、どの企業に勤めどんな役職に就いているか、収入はどれくらいか、またどんなブランド品を身につけているかなどに興味を持ちません。それよりもその人の人間性や考え方、生き方を重要視します。何のスポーツをするか、どんな趣味があるか、人生のなかで夢中になって打ち込んでいることがあるかを聞かれる場面はよくあります。

自分の分は自分で払う no.141

　フィンランド人にとって外食は特別なことのようです。物価が高いこともあり、特別なお祝い事などがない限り、夕食でレストランを気軽に利用することはありません。そして、「自分が注文したものは、自分で食べて自分で払う」が基本です。デートでレストランに行っても女性は男性に支払いを期待しないし、支払われるとむしろ嫌悪感を抱く女性も。カップルで食事に行くと、「今回は私が払うから、次はあなたが払って」というように、交互に支払うのが一般的です。

　レストランでは自分の食べたいものを注文し、ひと皿を誰かとシェアすることはほとんどありません。大人数で食事をしても、支払い時に店員がテーブルをまわってくれるので、ひとりずつ会計を済ませます。夫婦やパートナーの関係では、個人名義口座とは別に共有口座を持っていて、そこに毎月必要経費を半分ずつ入れ、外食などはそのカードから支払うことがごく当たり前。気づかいもなく気楽です。

ひとり時間を持つことの大切さ no.142

　人口68万人ほどの首都ヘルシンキは、人の多さによるストレスがなく、静かでゆったりとした時間が流れています。昼間に家から一歩外に出て、通りを歩いても誰とも会わず、地下鉄の車両は私ひとりだけ、ということもしばしば。ひとりになれる場所もたくさんあります。フィンランド人はひとり海辺のベンチや岩の上に座り、特に何をするわけでもなく、自然の声に耳を傾けながらじっと海を見つめ、鳥や風の音を聞いたり、行き交うカモの一家を眺めたりして静かな時間を持つことを好みます。

　フィンランドに広く伝わる格言に、「Oma rauha（自分の平和）」があります。ひとりの時間を満喫している人がいたら、誰も邪魔はしません。そっとその人の時間を尊重します。これは親子、夫婦、友人関係でも同じで、つかず離れずの心地いい距離感が大切。ちなみに、よほど親しい関係性でない限り、ハグや頬にキスはしません。

公共トイレはジェンダーフリー　　no.143

　ヘルシンキで近年新しく建てられる公共施設や商業施設、オフィスでは、ジェンダーフリーの観点から男女共用のトイレが主流です。たとえば、オーディ・ヘルシンキ中央図書館や中央駅前広場の向かいにあるアテネウム美術館、海辺に立つ高層のClarion Hotel（クラリオン　ホテル）、刃物メーカーのフィスカルス本社オフィスビルまで年々広がりを見せています。個室内には手洗い場も備わっています。ジェンダーフリーのロゴは、今では街のいたるところで見かけるようになりました。

　実際、利用者はどう思っているのか聞いてみると、賛否両論あるようです。「男性の後に入ると、便座を下げないといけないのが嫌だ」などネガティブな意見も。誰もが気持ちよく利用できる社会になればいいなと思います。ジェンダーフリートイレ以外は、女性用はNaiset（ナイセット）（N）、男性用はMiehet（ミエヘット）（M）と表記され、スウェーデン語を話す地域では女性用（D）、男性用（H）と表記されています。

身近にいる白鳥たち　　　　　　　　no.144

　ヘルシンキ中央駅の北側にあるトーロ湾には、一周散歩をしながら白鳥を間近で観察できるスポットがあり、市民の憩いの場になっています。フィンランドの国鳥はLaulujoutsen(ラウルヨウツェン)(歌う白鳥)と呼ばれ、10月から11月になるとフィンランドを去り、冬の間は南スウェーデンやデンマークで過ごします。そして3月から4月にかけて、再びフィンランド各地の同じ場所に帰ってきます。

　1940年代後半には、狩りの影響で一時40羽まで減りましたが、その後、国鳥に指定されて献身的な保護活動が行われ、現在では2万羽までに数を増やしました。白鳥はフィンランドの国民的叙事詩カレワラや、フィンランドを代表する作曲家Jean Sibelius(ジャン シベリウス)が1895年に作曲した「トゥオネラの白鳥」にも登場します。硬貨を手に取る機会はまれですが、フィンランドの1ユーロ硬貨には、湖の上を羽ばたく2羽の白鳥が描かれています。

公用語がふたつある国　　　no.145

　フィンランドの公用語は、フィンランド語とスウェーデン語のふたつ。1200年代後半から1809年の間スウェーデンの統治下におかれていた歴史から、現在でも国民の5%はスウェーデン語を母語とするスウェーデン系フィンランド人です。スウェーデンの名前を持ち、独自の文化やコミュニティがあります。

　公的な書類や公共放送、道路標識も2か国語表記で、学校では12歳から15歳までの最低4年間は、必須教科としてスウェーデン語を学ぶ機会が与えられます。ただし、決してすべての人が話せるわけではありません。地域ごとに話者率の高い言語が、優先的に上段または左側に表記されます。たとえばヘルシンキではフィンランド語が優先的に表記されていますが、フィンランド西部のスウェーデン語話者が多く暮らす地域ではスウェーデン語表記が優先され(写真)、店に入るとスウェーデン語であいさつされます。11月6日はスウェーデンの日。

炭を落としたように真っ暗な極夜　　no.146

　10月末のサマータイムが終わると、一気に暗闇に突入します。Kaamos（極夜）と呼ばれ、炭を落としたように真っ暗！　Marraskuu（11月）は気温がマイナスに冷え込み、モノクロの世界になるため、「死の月」と表現されます。またこの時期は雨と霧が多いため、視界が悪く何も見えなくなることも。移住してはじめての冬は、その深い暗さに怖くなりました。朝9時過ぎまで暗く、午後3時を過ぎると真っ暗になり、通勤は行きも帰りも暗い。日照時間は極端に短く、どんよりと重たい低気圧の影響で、閉塞感が漂います。

　日照不足により、心身ともに体調を崩す人が多い季節でもあります。冬の間の日光不足によって、Kaamosmasennus（暗闇のうつ）になる人の割合は、軽度も含め人口全体の30％ほど。この国では社会問題のひとつになっています。11月に暖かい南ヨーロッパのスペインへ、1週間ほど日光浴をしにいく人も多くいます。

Alkutalvi

初冬

安心する窓際のランプ   no.147

　家では必要に応じてブラインドを使いますが、とくに冬の間は閉めると閉塞感がさらに強まることもあり、基本的には開けっぱなし。フィンランド人は外から窓越しに家のなかの様子が見えても、誰も気にしていないようです。極夜のこの時期、窓際にTähtivalaisin（星形のランプ）を飾る習慣があります。窓の上から吊るしたり、スタンドで窓際においたりなど工夫されていて、より環境に配慮した紙製のランプが多く使われています。透けた紙からもれる暖色のやわらかい光を灯します。使わない時は折りたたんでコンパクトに収納できるのも特長。ランプは住宅や店舗などさまざまな窓際で見ることができ、室内にいる人がリラックスできるのはもちろん、外を行く人たちがその灯りがあることで安心して歩ける見守りのような役割も果たしています。

季節感のあるディスプレー　　　　　no.148

　ヘルシンキ中心部のブティックが立ち並ぶBulevardi通り。デザインホテルのKlaus Kやオールド・チャーチ公園を通り過ぎると右手に、1852年創業のヘルシンキでもっとも古いカフェ、Ekberg Caféがあります。重厚な建物とクラシックな雰囲気の店内はベーカリーとカフェに分かれていて、一日を通して地元の人たちがひっきりなしに訪れます。とくにモーニングビュッフェは焼きたてのパンと卵のオムレツが人気で、朝早くから大混雑。

　季節によって変わるエクベリの伝統的で素敵なディスプレーも見どころのひとつ。クリスマスシーズンには、マカロンのクリスマスツリーや繊細なジンジャーブレッドハウスが飾られ、店の前を通る人たちを楽しませてくれます。細部までこだわってつくられていて、昔から続く上品でかわいらしいディスプレーはこの優雅な通りでひと際目立っています。

誕生日のあれこれ　　no.149

　フィンランドでは、誕生日を迎える本人がお祝いのケーキを用意して、みんなに振る舞う習慣があります。たとえば、職場に自家製のケーキを持っていき、コーヒー休憩の時間にみんなで食べながらお祝いしてもらいます。誕生日会を開くかは本人次第ですが、パーティーの準備は自分でして、友人などを招待してもてなすのが基本。とくに50歳が節目の年齢とされ、いちばん大事な誕生日として盛大にお祝いします。誕生日会の招待状には銀行口座情報が書かれていて、ゲストはお祝い金を振り込むのが定番。またはほしいものリストが用意されている場合もあり、そのなかから選んで買って持っていきます。「お誕生日おめでとう」の言い方にも、実にさまざまなバリエーションがあります。ていねいな表現はHyvää syntymäpäivää、Onneksi olkoon、Paljon onnea。友人同士などで使うのはHyvää synttäriä、Synttärionnittelut、Onnea。

冬支度は抜かりなく

no.150

　冬は大雪で視界困難や道路の凍結によるスリップ事故が多発するため、11月1日から3月31日までの間は、すべての車に冬用スパイクタイヤの装着が義務づけられています。地域や車種によってはスタッドレスタイヤでもOKで、どちらのタイヤもNokian Tyres（ノキアン タイヤ）のものがポピュラー。南部に位置するヘルシンキでも10月に入ると初雪が降り積もるため、冬支度でタイヤを夏から冬仕様にかえます。自分で交換したり、実家のお父さんに手伝ってもらったり。車の整備工場やタイヤ販売店でタイヤを履きかえるサービスもあります。道路の雪は除雪車によって頻繁に除去されますが、冬の運転は何が起こるかわからないので、防寒着などを車のなかに常備するのも必須です。

　スパイクタイヤの表面には金属のピンが打ち込まれているため凍結道路でグリップ力を発揮し、ブレーキの効果が高い一方で、凍結していない道路へ与えるダメージが大きく、補修作業が発生します。

冬の乾燥対策アイテム

no.151

　フィンランドの家は二重窓でかたく閉ざされ、家全体をあたためるセントラルヒーティングが使われています。室内の温度は24時間、22〜23度に保たれていて、家のなかでも薄着で過ごすことができるのは助かります。その一方で、部屋の湿度は15％ほどとひどく乾燥します。加湿器を使用していますが、それでも追いつかないほど。髪や肌、喉にとって乾燥は大敵です。乾燥予防と対策のハンドクリームやフェイスクリームなどは、常に欠かせません。こまめに塗って保湿しています。

　フィンランドのオーガニックコスメブランドFrantsila（フランシラ）は、自然豊かなハーブファームで収穫したハーブを用いてつくられています。自然派コスメならではのほんのりやさしい感じの香りが人気で、多くの人が使っています。しっとり肌なじみがいいクリームをはじめ、リラックス効果もあるという香油などのアイテムがあり重宝します。

マリメッコのファブリック

no.152

　多くの家庭では、マリメッコのファブリックをカーテンがわりに窓際に吊るしたり、壁に飾ったりします。また、食事をするテーブルには撥水加工された生地をテーブルクロスとして使ったりなど、季節に合った色合いやパターンをインテリアに取り入れて楽しみます。室内で過ごす時間が長い冬はファブリックで花柄や明るい色を添えて、心地よく過ごせるように工夫します。

　ヘルットニエミ地区にあるマリメッコの本社には、アウトレットと最新アイテムがそろうヘルットニエミ・プライム店があります。アウトレットにはお買い得商品が並び、とくにファブリックの品ぞろえが豊富なので、ファブリックを買うならここに来て選ぶのがおすすめ。10cm単位から切り売りしてくれます。端切れコーナーもお見逃しなく。

サラダをたっぷり食べる

no.153

　とくに冬の間、熱心にサラダを食べるフィンランド人の姿をよく見かけます。レタス、キュウリ、トマトは年中手に入るため、ほとんどのサラダに入っています。国産ものはビニールハウス栽培ですが、寒い気候の影響でみずみずしさはなく、味もあまりありません。また海外から輸入される野菜は、どうしても新鮮さに欠けます。そのほかは冷凍野菜を解凍して使うことが多いため、たとえばブロッコリーが水っぽかったり……。玉ねぎなどは日持ちするように酢漬けにしてあるものを使い、塩分が多め。フィンランド人はこの環境で生まれ育ちそれが当たり前なので、気にもとめていないようです。

　サラダには穀物やひまわりの種などの種子もたっぷりかけて、好みでオリーブオイルやビネガーをかけて食べます。健康のため、不足しがちな野菜をがむしゃらに食べる姿からは、このきびしい気候のなかで生きていく覚悟が感じられる気がします。

「選挙コーヒー」は大事な習慣　no.154

　ヘルシンキで暮らしていると、首相をはじめとする政治家にレストランや道端ですれ違うことがよくあります。この国ではごく普通のことで、彼らのプライベートの時間を尊重し、だれも話しかけたりはしません。選挙前には住宅街や中心部の広場に、各政党の小屋やテントがおかれて選挙活動が行われます。かしこまった感じではなく、コーヒーやお菓子が振る舞われ、カジュアルな雰囲気で市民と言葉を交わします。

　投票日には街中に国旗が掲げられ、選挙活動は行われないため、静かな時間が流れます。フィンランドにはVaalirauha（ヴァーリラウハ）（選挙平和）という言葉があり、有権者が投票先を静かに考えられる状態を指します。それぞれの投票所では多くの人が行列をつくり、自分の声を届けます。投票の後はVaalikahvi（ヴァーリカハヴィ）（選挙コーヒー)を飲むのが習わし（いつもと同じコーヒーです）。議会総選挙の投票率は70％以上あります。

全身黒いファッションの理由　　　　　　　no.155

　この季節、太陽はなかなか見えず、木々は細い枝だけがむき出しになります。人々は暗く氷のような表情で、内向的になりがち。暗いのは自然や風景だけではなく、フィンランド人が身に着ける洋服や雑貨も真っ黒になります。分厚いダウンジャケットやブーツ、パンツ、バッグなど外から見える部分は、全身真っ黒なファッション。

　理由は、雪が降り、溶けて茶色い泥水が溜まる道路を歩くと、それが跳ねて衣類が汚れてしまうから。クリーニング代は高く、気軽には利用しません。きびしい冬の環境では体を守ることが最優先で、おしゃれは二の次。足元は滑らないようにスノーブーツやスパイクつきシューズを履き、肌が冷たい空気に触れて霜焼けにならないように何重にも重ね着をして皮膚を守ります。とくに頭、首、指先、足首が重要で、ここをあたためるのがポイント。動きやすくて心地いい、機能性重視のファッションにはこの国ならではの事情があります。

北国の食料品事情

no.156

　長い冬の間、野菜や果物の多くは南ヨーロッパや中南米などからの輸入に頼るため、店頭に並ぶ時にはすでに、残念ながら腐って傷んでいることもしばしば。値段の高いアボカドやなすを包丁で半分に切ったら、なかがひどく傷んでいて食べられず、がっかりしたことも……。ほとんどの野菜や果物は、カットされた状態で冷凍されたものが売られています。生の果物や野菜は1個からの量り売りが基本で、商品の値札には番号が振られています。自分で野菜をはかりにのせてその商品番号を押すと、値段が印字されたシールが発行されるので、野菜に貼りレジで会計します。

　また、たいていのスーパーマーケットの入り口には子ども向けの無料バナナがおかれていて、自由に取って食べられます。買いもの中に子どもがお腹を空かせないように、そして親がスムーズに買いものができるように配慮されています。

昔懐かしい雰囲気、レトロな酒屋　　no.157

　トーロ地区は昔ながらの重厚な建物が並び、高齢者も多く暮らす閑静な住宅街です。地区の中心であるトーロ広場の一角にレトロな雰囲気の国営酒屋、Alko*があります。1932年に1号店が誕生し、85周年にあたる2017年、それを記念してこのトーロ地区に建てられました。当時を思い起こさせる対面販売のカウンターが再現されています。店のドアはかたく閉ざされ、カーテンが引かれていてなかの様子は見えません。店内に入ると木の棚にお酒が並んでいて、入り口にはセキュリティガードがいます。

　フィンランドではビールやロンケロ（酎ハイ）、ワインなどがよく飲まれますが、身体をあたためる目的もありウォッカなど度数の高いアルコールも。お酒を販売する店と時間は法律で制限され、消費税は25.5％。店員が購入者を30歳以下かもしれないと思った場合は身分証明証（IDカード）の提示を求め、見せる決まりになっています。

*度数の高いアルコールの消費量が多く、飲酒が社会問題となり、
1919年〜1932年に禁酒令が施行されました。1932年に解除後、国営酒屋のAlkoが設立されました。

メトロのルール　　　　　　　　　　　no.158

　ヘルシンキのメトロ（地下鉄）の駅には改札がなく、駅員もいません。車両には車椅子、ベビーカー、自転車、犬連れそれぞれの専用乗車口があり、とても機能的。切符管理は自己責任で、たまに抜き打ちで検札員が乗り込んできて切符を確認します。その際に有効な切符を持っていないと、罰金100ユーロを徴収されます。また、ふたり組のガードマンが駅構内やメトロの車両をまわって安全管理を行っています。

　車内や構内の壁の広告や注意書きは必要最小限で、駅名などの文字とイラストは誰にでもわかりやすいようにはっきりと表示されています。遅延の際のアナウンス以外、繰り返しの注意喚起などのアナウンスはなく、地下空間はとても静か。少ない人口と限られた働き手のなかで、社会や人を信頼して生活しています。

冬の趣味はネウロンタ　　no.159

　フィンランド人が冬に楽しむ定番の趣味といえば、暖かい室内で気の向くままに手を動かすNeulonta（編みもの）。家のなかで、靴下の上に、明るい色で編んだ分厚いニット靴下を重ね履きして過ごす習慣があります。自分で編んだり、おばあちゃんや母親、親戚のおばさんが編んで贈ってくれた毛糸の靴下をたくさん持っています。足元があたたかく保たれ、包まれている感じが心地よく、気持ちもほっこりします。

　靴下のほかにも手袋やセーターなどさまざまなものを、時間をかけてゆっくりと、毎日空いた時間を使って編みます。電車のなかやカフェなどで、コーヒーを飲みながら黙々と編んでいる人をよく見かけます。毛糸のやわらかい手触りが気持ちをあたたかくしてくれ、癒しの効果もあるようです。毛糸専門店をはじめ、スーパーマーケットやデパートなどには豊富な種類の毛糸がそろい、どれにしようか迷ってしまうほど。ネウロンタはフィンランドの冬の癒しの時間です。

道端のアイススケートリンク   no.160

　マイナス気温が続くと、市の管理のもと、ヘルシンキ市内の住宅街の広場に水が撒かれ、それが凍ると簡易のアイススケートリンクのでき上がり。道端に突如としてあらわれます。さらにもう少し本格的なリンクとして、市営の運動場の一角にあるテニスコートが冬の間、人工のアイススケートリンクになります。いずれも、誰でも無料で利用できます。みんな自分のスケート靴を持っていて、小さな子どもたちが熱心にアイスホッケーの練習をしたり、大人は運動不足解消に滑っています。

　フィンランドの冬の代表的なスポーツとしてアイスホッケーやノルディックスキーがあげられますが、なかでもアイスホッケーは国民的スポーツ。男子フィンランド代表のアイスホッケーチームは世界トップクラスでレベルが高く、将来アイスホッケー選手になることは小さな子どもたちの夢でもあります。

やさしいふるさとの味

no.161

　Karjalanpiirakka（カレリアパイ）は、東フィンランド、カレリア地方の郷土料理です。ライ麦粉に小麦粉などを混ぜた生地を薄くのばし、米を牛乳でじっくりと炊いたミルク粥を包んで葉っぱのような形に成形し、オーブンで焼き上げたもの。素朴な味わいはフィンランド人にとって家族を思い出す、ふるさとの味です。お腹にやさしいミルク粥と香ばしいライ麦生地がよく合い、腹持ちもいいので、フィンランドでは朝ごはんや小腹が空いた時におやつとして食べられます。日本人にとってのおにぎりのような存在。

　家族みんなが集まるクリスマスには、手づくりのカルヤランピーラッカが食卓に並びます。ゆで卵を潰してバターであえたものを上にのせて食べるのが定番。はじめて食べた時、日本人の私にとってもどこか懐かしく、なじみのある味だなと思いました。なかに入れる具材は米が一般的ですが、マッシュポテトや大麦バージョンもあります。

バラエティー豊かな国鉄車両　　no.162

　環境への配慮で車や飛行機を使わずに、温室効果ガス排出量がより少ないとされる鉄道を選択する人が増え、鉄道の長距離移動の需要が増加し続けています。ヘルシンキからラップランド地方のロヴァニエミへは、飛行機だと1時間35分ほどで行けますが、車を一緒にのせられる寝台列車を利用し、12時間ほどかけて鉄道の旅を楽しむスタイルも人気です。

　フィンランド社会が目指す多様性は、鉄道車両にも顕著に見られます。ヘルシンキからはいろいろな車両を組み合わせた国鉄（VR）の中距離列車が運行しています。人間だけでなく動物も、すべての旅人が快適に過ごせるように車両の選択肢があります。ペット同伴可能な車両のLemmikit（レンミキット）、食堂車、滑り台がある子ども向け車両、ゆったり静かに過ごせる一等車と個室などバリエーションが豊富。車窓から壮大な自然風景を眺めながら、個々のスタイルで旅を楽しめます。

Sydäntalvi

真冬

アドヴェントカレンダー合戦

no.163

　冬の一大イベントのクリスマスに向けて、スーパーマーケットには10月からすでに、クリスマス関連商品が所狭しと並びはじめます。クリスマスまでのカウントダウンを盛り上げるアドヴェントカレンダーもそのひとつで、毎年注目を集めるのがポルヴォーの町にある人気のアイスクリーム店Vanhan Porvoon jäätelötehdasのもの。発売するとあっという間に売り切れてしまう人気ぶりです。かわいいイラストが描かれたカレンダーのポケットになっている日付部分をめくると、小さなカップに入ったアイスクリームが出てきます。すべて違うフレーバーで、フィンランドらしいミルク粥やブルーベリー味も。冷凍庫に保管して、クリスマスまで毎日ひとつずつ開けて楽しみに待ちます。

　ほかにチョコレートやコスメが入ったアドヴェントカレンダーもあり、毎年新しいデザインのものが発売されます。年々盛り上がりを見せ、華やかなクリスマスの雰囲気を盛り上げています。

青と白の国旗がはためく日

no.164

　フィンランドの国旗は、雪をイメージした白地に空と湖を象徴する青の十字が入っています。青空と雪景色の両方によく映える美しい国旗です。公的機関やアパートなど街の至るところに国旗を掲げるLiputuspäivät（国旗掲揚日）があります。
リプトゥスパイヴァット

　公式な掲揚日は約10日で、ほかに推奨日が約20日あり、年間計30日ほど旗が掲げられます。この国の著名人の誕生日、大切な記念日、さらに選挙や大統領の就任日など平日も含まれます。たとえば5月1日のメーデーや6月4日のマンネルヘイムの誕生日などが公式の掲揚日。マンネルヘイムはフィンランド軍の最高司令官として数多くの戦争を指揮し、独立を守り抜いた歴史的重要人物で、第6代大統領でもあります。掲揚する時間は朝8時くらいから午後9時まで（地域によって異なる場合も）で、その地域のアパートの管理者が住宅街をまわり、各アパートの敷地内にあるポールに国旗を掲げます。

ツリーはどこからやってくる？　　　　no.165

　ヘルシンキ市は11月に入ると、15〜20mほどの古いモミの木を募集します。応募されたなかから名誉なことに選ばれた木をヘルシンキ市が伐採してトラックで運び、元老院広場に立てます。毎年どの木が選ばれるか話題を集め、ヘルシンキ郊外の個人宅の庭先から切り倒し、運ばれてきたことも。

　2023年のモミの木（写真）は、推定樹齢40年以上、高さおよそ18m、重さは3.5トンでした。元老院広場では木が運び込まれ、でき上がっていく過程を間近で見ることができます。電飾と星が飾りつけられ完成しますが、毎年決まって同じゴールドの光が灯されます。この伝統的でシンプルなクリスマスデコレーションに、フィンランド人の強いこだわりが感じられます。ツリーの下に立って見上げると、その大きさに圧倒されます。年明け1月6日、Loppiainen（公現祭）以降に片づけられます。

ガラスのなかは夢の世界 no.166

　Aleksanterinkatu通り（アレクサンテリンカトゥ）にある1862年創業の老舗デパートStockmann（ストックマン）は、日用品や洋服、化粧品、食材まで何でもそろいます。11月の第1土曜日にストックマンの伝統的なStockmannin Jouluikkuna（ストックマンニン ヨウルイックナ）（クリスマスウィンドー）が飾られると、通り周辺は一気に華やぎます。

　これを見るために、全国からたくさんの人たちが訪れるほど、毎年注目を集めます。クリスマスディスプレーの前には、子どもたちが見やすいように木製の台座が設置され、子どもから大人まで多くの人が夢中になってガラスのなかをのぞき込みます。昔ながらの雰囲気を残しつつ、毎年趣向を凝らしたデザインが見どころ。ユーモラスに動く動物のぬいぐるみやキラキラと輝いて遊び心あふれる夢の世界を楽しそうに見入る人たちの表情からは、クリスマスを心待ちにしていることが感じられます。吐く息が真っ白で凍えるなか、街全体が幸せな雰囲気に包まれます。

別世界へ誘うイルミネーション   no.167

　毎年11月後半の土曜日に、ヘルシンキ中心部のAleksanterinkatu(アレクサンテリンカトゥ)通り、通称クリスマスストリートでイルミネーションの点灯式が行われ、クリスマスシーズンの幕開けを祝います。イルミネーションに掲げられた「A」は通りの名前の頭文字から取ったもの。このイルミネーションは1948年からはじめられた歴史あるもので、戦後の苦しい時代に人々を元気づけるために灯されました。その光は、今もなお変わらずに毎年輝いています。

　真っ暗な空にピンと張り詰めた冷たい空気のなか、多くの人たちが防寒着を身にまとい、点灯式のカウントダウンを見守ります。ひとたびイルミネーションが点灯すると、通りには歓喜の声が上がります。まるで別世界へ来たかのような、魔法がかかった通りに大変身。シンプルで上品な灯りが、冷え切った夜空にキラキラと輝きます。さあ、いよいよクリスマスシーズンの幕開けです！

心躍るクリスマスパレード no.168

Aleksanterinkatu(アレクサンテリンカトゥ)通りのイルミネーションの点灯式の後には、ヘルシンキ市や地元の企業が主催するクリスマスパレードが行われます。学校や地域に根ざして活動する団体などから、一般市民が参加します。まずは馬車に乗ったサンタクロースが登場し、天使に仮装したかわいい子どもたちや若者のダンスグループ、消防車やパトカー、さらに元気いっぱいの犬が続きます。パレードは大聖堂前からスタートして西へ進み、ストックマンデパートの角を南へ曲がってPohjoisesplanadi(ポホヨイスエスプラナーディ)通りに入り、最後は再び大聖堂に向かいます。

通り沿いには子どもから大人までたくさんの人が集まり、パレード参加者に手を振りながら、"Hyvää joulua!(フュヴァー ヨウルア)(メリークリスマス!)"と声をかけあいます。サンタクロースはもちろん、ラブラドールレトリーバーなどキュートな犬たちが堂々と歩く姿が観客の心をわしづかみにし、あたりに笑顔があふれます。

みんなで一緒に祝う   no.169

　1917年12月6日、フィンランドはロシア占領下から独立を果たしました。12月6日は祝日で、独立記念日を祝います。街中に国旗の青と白があふれ、平和を祈りながらキャンドルを灯し、青と白のデコレーションケーキとシャンパンで乾杯します。シベリウスが作曲した「フィンランディア」の音楽があちこちから流れ、強い愛国心を感じずにはいられません。日中は、毎年異なる町で行われる軍事パレードを、夜はヘルシンキ中心部の大統領官邸で盛大に開催される恒例のLinnan juhlat（お城でのパーティー）をテレビ中継で見ます。パーティー前の大統領夫妻と招待客との握手は2時間にも及び、多くの国民がそれを見ながら、ドレスの批評やその顔ぶれを楽しみます。

　自国の文化を誇りに思いながらみんなで記念日を祝う様子は、国民が一丸となって同じ方向を向いて未来へ歩んでいるように見えます。"Hyvää itsenäisyyspäivää!（独立記念日おめでとう！）"

ヘルシンキで訪れたい公園　　　no.170

　トーロ地区の海辺にシベリウス公園があります。もとは別の名前でしたが、フィンランドを代表する作曲家、Jean Sibeliusの生誕80周年を記念し、1945年に命名されました。パイプオルガンをイメージしてつくられたという600本以上の中空ステンレスパイプの巨大なモニュメントは、遠くから見ても存在感があります。モニュメントの下に入って空を見上げると、ユニークな風景を楽しめます。モニュメントの横にある岩の上には、シベリウスのマスクがおかれています。どちらも1967年にフィンランド人の彫刻家が制作しました。これらの前に立つと、シベリウスが祖国を思う気持ちを込めた「フィンランディア」が海風にのって聴こえてきそうです。

　ちょっと奇抜なモニュメントですが、少し離れた道路から眺めると、まわりの岩や木々の自然風景とよくなじんでいる感じがするから不思議。年間約50万人が訪れるヘルシンキで人気の観光名所です。

食物繊維たっぷりの朝ごはん　　no.171

　定番の朝ごはんといえばKaurapuuro（カウラプーロ）（オーツ麦のお粥）。フィンランドではさまざまな穀物を食べますが、オーツ麦がとくにポピュラーです。田舎のほうに行くと、一面に麦畑が広がる風景をよく目にします。国内生産が多い農作物のひとつで、食物繊維やビタミン、ミネラルが豊富に含まれています。

　カウラプーロのつくり方はとても簡単。鍋にオーツ麦と牛乳または水を入れてよくあたため、粘り気が出たらでき上がり。バターをひとかけ落とし、メープルシロップやナッツ、ドライフルーツ、ベリーなどをトッピングしていただきます。植物性のオーツミルクでつくってもおいしい。腹持ちがよくヘルシーで、手軽につくれておすすめです。オーツ麦はプレーン味のほか、いちご＆ブルーベリー味などさまざまなフレーバーつきのものもあります。安価で保存できる期間が長いため、フィンランドの家庭では常備食材として親しまれています。

定番のクリスマススイーツ　　no.172

　12月に入ると、クリスマスに向けて高揚感が高まります。フィンランドのクリスマスシーズンに食べられる伝統的なお菓子Joulutorttu（ヨウルトルットゥ）（クリスマスパイ）は、星形のサクッとしたパイ生地の中央にプルーンでつくったペーストが入った焼き菓子で、ほどよい甘さがおいしい。家庭でも手づくりしますが、たいてい市販の冷凍パイシートとフィリングを使うので、味はどの家庭でも同じように仕上がります。ただし形はさまざまで、星形やエンジェル、さらに手裏剣のようなユニークな形まであります。

　もうひとつポピュラーなのがPiparkakku（ピパルカック）（ジンジャーブレッド）。ジンジャー、カルダモン、シナモンのスパイスがたっぷりと練り込まれた生地を薄くのばし、型抜きしてオーブンで焼き上げたクリスマスクッキーです。どちらのお菓子もグロッギ（ホットワイン）と相性がよく人気。クリスマスが来るまでの間、何度もつくって食べます。

おだやかなクリスマスマーケット　　no.173

　1994年以来、毎年12月に3週間ほどTuomaan Markkinat（ヘルシンキのクリスマスマーケット）が大聖堂前の元老院広場で開催されます。寒空のもと、あたたかみのあるゴールド色の電球が灯され、買いものに訪れる人たちがみんなおだやかな表情で、幸せな時間が流れています。

　広場には大きなツリーが飾られ、期間中は昔ながらのレトロなメリーゴーラウンドも登場し、子どもたちに大人気。小屋がいくつも並び、伝統的なクリスマス料理のトナカイのソーセージや体があたたまるグロッギ（ホットワイン）、フィンランド産のハンドメイドの雑貨などが売られています。サンタクロースが登場する日があり、一緒に写真を撮ったり話したりすることができ、子どもも大人も大興奮。大聖堂を背に大階段の上からクリスマスマーケット全体と、美しい街並みを見渡すことができます。防寒対策をしっかりとして出かけます。

グロッギとクリスマスプーロ　　no.174

　マイナス10度近くまで気温が下がるクリスマスの時期によく飲まれるのが、ホットワインのGlögi。ぶどうやりんごジュースからつくるノンアルコールのものもあります。フィンランドではクローブ、ジンジャー、シナモン、カルダモンなどを入れたスパイシーなグロッギに、お好みでスライスしたアーモンドとレーズンを加えて飲みます。体の芯からポカポカとあたたまるこのクリスマスドリンクは、12月になるとどこのカフェやレストラン、クリスマスマーケットでも提供されます。

　同じくこの時期に小腹が空くとよく食べるのがJoulupuuro（クリスマスのミルク粥）。米に牛乳をたっぷりと入れやわらかくなるまでじっくりと炊いたほんのり甘いお腹にやさしいミルク粥です。トッピングにシナモンシュガーをたっぷりと振り、バターをひとかけのせます。

天気と気温はいちばん大事　　　no.175

　一年でいちばん昼が短く、夜が長いTalvipäivänseisaus（冬至）。
2024年の冬至のヘルシンキの日の出は9時25分、日の入りは午後3時
14分で、昼の長さは5時間49分でした。きびしい寒さと暗さのなかで
の生活は、想像以上に大変。体調不良や怪我、病気、さらに命の危
険もあるので、とくに外出時は入念な準備が必要です。

　行き先とスケジュール、何を着るかが大事で、みんな日に何度も天
気と温度を確認します。スマートフォンには天気予報のアプリをいく
つか入れ、隙間時間にチェック。家の窓には温度計が設置され、室
内温度と外気温が一目でわかるようにしています。気候に気分や体
調が影響されやすく、天気が悪い日は気持ちが塞ぎがちになり、晴
れると笑顔で外に出ます。駅前の大きな建物に設置されている電光
掲示板には、時間とともに温度が赤文字で表示されます。

地下に広がるデザイン空間　　no.176

　ヘルシンキや郊外のエスポー市では都市開発が進み、変化が目まぐるしい。近年はメトロ（地下鉄）路線の延伸や、海岸沿いの高層アパートの建設ラッシュが続いています。ヘルシンキのメトロは東西に1本だけ走っていて、とてもシンプルなので迷うことはありません。中心部から西へ延伸を続け、2022年12月にエスポー市のKivenlahti(キヴェンラハティ)駅までつながりました。この駅の設計は、オーディ・ヘルシンキ中央図書館と同じく設計事務所ALAアーキテクツが担当し、新進気鋭の彫刻家Kalle Mustonen(カッレ ムストネン)がつくった木のキャラクター2体がプラットホームにおかれ人目を引きます。

　メトロの各駅にはテーマが設けられていて、多様なデザインが楽しめるのも見どころのひとつ。照明や壁、天井のデザインなどが工夫されています。将来的にはヘルシンキから東方面への延伸も予定されていて、今後どのように発展していくか目が離せません。

赤いテントのなかに季節の花々　　　no.177

　おしゃれなデザインショップが立ち並ぶデザイン地区（デザイン地区協会認定のショップなどが集まるエリア）の中心部に、フレドリキントリ広場があります。夏の間はカフェのテラス席が出て多くの人でにぎわい、そのなかに赤いテントが立ちます。テントの前にはひまわりなど色とりどりの花が。夏以外の季節は天候によって、不定期で出店します。

　冬は雪景色に真っ赤なテントがよく映えます。小さな丸いランプが飾られて、素敵な雰囲気。家の窓際にも飾れる小さなモミの木や、あざやかな赤色の見事な大輪が咲くアマリリス、清楚で可憐なクリスマスローズ、何色の花が咲くか楽しみな小さなヒヤシンス、赤いポインセチア……。この季節ならではの花々が並びます。外気温が低いと花が弱ってしまうため、外に並べられるのはほんの一部。テント内にも花がおかれています。鉢には金色や赤、緑のクリスマス気分を盛り上げてくれるラッピングがされていて、プレゼントに買っていく人も。

根強く残るカード文化と上質な紙　　no.178

　世界中、どこに住んでいても携帯電話などから簡単にメッセージを送りあえる時代ですが、フィンランドでは節目ごとに、カードを贈りあう習慣がいまだに残っています。森の国フィンランドは、豊富に木材がとれることから林業が盛んです。日用品のトイレットペーパーやティッシュペーパー、ポストカードやグリーティングカード、ペーパーバッグなど生活のなかで使う紙の素材がとても丈夫。そこに素敵なフィンランドデザインが加わり、ペーパーグッズは眺めているだけで幸せな気持ちになります。デザイン地区にあるPapershopは、上質でフィンランドらしい素敵なカードが棚一面に並びます。11月に入ると、今年はどのカードを贈ろうか毎年ワクワクしながら選んでいます。

　また、マリメッコのペーパーバッグは頑丈で、何度でも繰り返し使えるので重宝します。酒屋で売られるワインボトルを入れるペーパーバッグも頑丈で、贈りものに最適です。

街角で、センスのいい看板に出会う　　no.179

　ヘルシンキの街を歩くと、店先にセンスのいい看板がおかれていることに気づくでしょう。景観を邪魔することなく、シンプルで街の風景になじんでいます。暗い冬の時期は、看板とともに、すべりやすい階段を注意しながら上り下りできるよう足元を照らすキャンドルがおかれています。その横にはプランターに入った植物が。この3点セットが定番です。とくにデザイン地区のFredrikinkatu(フレドリキンカトゥ)通りのおしゃれなブティックが立ち並ぶエリアは、歩きながらさまざまな看板やウィンドーディスプレーを楽しむことができます。

　11月も終わりに近づくと、店の入り口にクリスマス商品が並びはじめたことを知らせる手書きのメッセージなどが出され、読みながら歩くのもワクワクします。気になる店があったら、早速なかへ。

かつてはお守りだったヒンメリ no.180

　フィンランドの伝統工芸品のひとつHimmeli(ヒンメリ)は、フィンランドの大地で育てられたライ麦を乾燥させ、ライ麦わらを糸でつないでつくる繊細な幾何学模様のモビールです。その昔は自然の恵みに感謝し農作物の収穫を願い、健康で平和に暮らせるようにという祈りを込めてつくられたお守りでした。クリスマスから夏至までの間、各家庭で食卓の上に飾られていました。天井から吊るすと、見る角度によって異なる立体感が楽しめます。光が当たると艶感が増して輝き、風で揺れると床や壁にできる影が動いて美しい。

　長い時間をかけて一つひとつ手作業でつくられるため、現在はクリスマスの時期だけデザインショップや田舎にある昔ながらのレストランで見かける特別な存在です。フィンランド人ヒンメリ作家のEija(エイヤ) Koski(コスキ)がつくるヒンメリは高級装飾品として売られ、彼女のファンが国内外に多くいます。

家族で過ごすヨウル

no.181

フィンランド語でクリスマスはJoulu。こちらでは24日のJouluaatto（クリスマスイヴ）がメインで、まずは朝、先祖のお墓参りへ行きキャンドルを灯すことからはじまります。テレビでは11時30分から長寿アニメ番組「Lumiukko（雪だるま）」が、1992年の12月24日から毎年この日だけ放送され、しかも毎回同じストーリー。正午になると、1300年代から続く伝統的な行事Joulurauha（クリスマス平和宣言）が旧都トゥルクではじまり、テレビ中継でそのスピーチを聞きます。クリスマスの間は戦争や争いごとを止め、すべての人が平和で安全に過ごせるようにという願いが込められています。

家庭ではクリスマスのミルク粥を食べます。なかにはアーモンドが1粒入れられていて、それを口にした人は来年いい年になるといわれています。サウナに入りあたたまった後は、クリスマス伝統料理を家族そろって食べます。ひと晩かけてオーブンでじっくりと焼いた大きな豚肉のかたまりを薄切りにしたもの、野菜のキャセロール、ビーツのサラダ、スモークサーモンや魚卵などごちそうが並びます。

食後は、お楽しみのクリスマスプレゼントを開ける時間。小さな子どもがいる家庭にはサンタクロースがプレゼントを持ってきてくれ、子どもたちは大喜び。両親が事前にサンタクロースを「雇う」習慣があり、クリスマス前には「サンタクロースを探しています」などSNSにアルバイトの広告が出ます。近所のお兄さんや親戚のおじさんがサンタクロースの格好をして登場することも。

25日のクリスマス当日の朝は教会にお祈りに行く人もいますが、引き続き家族でクリスマス料理を食べながら過ごします。26日ものんびりして、27日から仕事に戻りますが、クリスマスから年末年始にかけて1週間ほど冬季休暇を取る人も。フィンランドのクリスマスは、家族でゆっくりと過ごします。

ヘルシンキの美しい教会　　　　　no.182

　フィンランド人が信仰している宗教はキリスト教がもっとも多く、人口の64％が福音ルーテル派、1％が正教会、そしてそのほかの宗教が2％、無宗教が33％。近年は信仰心が低下していて、信仰宗教を持つ人が減っています。そのため、教会への支援や教会に属している人が支払う教会税も毎年減少傾向に。福音ルーテル派の人で毎週教会へお祈りに行くなど熱心に活動する人は、人口全体の5％ほどといわれています。

　ヘルシンキのLauttasaari島にある福音ルーテル派のラウッタサーリ教会は、1958年に完成しました。細長いタワーの頂上に十字が掲げられ、島のどこからでも見えるように設計されています。内部は木のぬくもりが感じられる厳かな雰囲気。デザイナーのIlmari Tapiovaaraがインテリアを設計し、天使が浮いているような照明が美しい。

二日酔い、寝て過ごす元日 no.183

　12月31日の大晦日は午後から休みを取る人が多く、お店なども早く閉まります。友人たちと過ごす年越しパーティーに向け、お酒の買い出しをする人たちで酒屋は大混雑。ヘルシンキ中心部では夜10時頃から年越しカウントダウンの音楽ライブが開催され、花火が上がります。また、普段は認められていない個人での花火の購入が12月中だけ可能で、大晦日に限り楽しむことができます。新しい年を迎えると、街のあちこちでパンパンと爆竹のような大きな音が鳴り響きます。

　お祭り騒ぎで年が明け、元日は夜中までお酒を飲んでいた人たちの多くが二日酔いで寝て過ごします。日本のお正月のような雰囲気は全くなく、2日から通常運転で仕事はじめです。新年の抱負を家族と話し、いい一年になるように祈ります。1月は「Tipaton tammikuu（禁酒の1月）」といい、クリスマスや年末年始にたくさん飲み、食べた体をいたわり、健康的な日常生活に戻していく月とされています。

週番号と「名前の日」　　　　　　　　　no.184

　一年は約52週あります。フィンランドのカレンダーにはその週の番号が記載されていて、仕事場などでスケジュールの話をする時、「Viikko 15 (15週) に」など、週番号を使う習慣があります。日本のように「○月○週目」や「○月上旬」、「○月下旬」などのような表現はほとんど使いません。

　またカレンダーの各日付の欄に、一般的なフィンランド人の名前が書かれているものがあります。ファーストネームをお祝いするNimipäivä(名前の日) があるためです。フィンランド人の多くは1〜3つのファーストネームを持っていて、一般的なものだけでも365個以上あるので、一日にいくつかの名前が割り振られています。この「名前の日」は誕生日と同じように、みんなからメッセージをもらい祝福されます。

便利なリサイクルシステム   no.185

　フィンランドでビール缶やビン、ペットボトルを買うと、裏面にPantti（デポジット）の金額が表記されています。購入時の飲料水代に含まれていて、飲み終わった後、空の容器を専用のリサイクル機械に返却すると、そのデポジットのお金が戻ってくるシステムです。デポジットを取り戻すために、みんな容器を返しに行きます。金額は10、15、20、40セントなど容器の種類により異なります。

　スーパーマーケットの店内の一角にはビンや缶専用回収機械があり、家庭である程度空き缶やビンがたまると持っていきます。機械に投入すると金券が発行され、レジで現金に換金するか、スーパーでの会計時に金券を使用することができます。缶は潰さずにそのままの形で残しておかないと、機械が回収してくれません。どちらも毎日の生活のなかで、負担にならずに簡単に取り組めるいいシステムだと思います。

市民を元気づける光の祭典　　　　　no.186

　クリスマスも終わり、年が明けてはじまる1月は、一年でとくに寒さがきびしい月です。クリスマスイルミネーションは1月6日で終わり、街はあっという間に通常モード。みんなの気分が滅入りがちな暗闇が続くこの時期に市民を元気づける目的で、毎年ヘルシンキ市が中心部でLux Helsinki（光のアートフェスティバル）を開催しています。国内外のアーティストによるプロジェクションマッピングやインスタレーションが、大聖堂や通りの建物に映し出されます。

　凍える空気に光が映えて音楽と重なりあい、幻想的な雰囲気をつくり出します。多くの市民が街を練り歩いて楽しみます。普段の生活のなかで見慣れた建物のいつもとは異なる表情を見られるのが魅力。暗闇の街をうまく利用する発想もフィンランドらしい。少しの間、寒さを忘れてほっこり心があたたまります。

安全があってこその幸せ

no.187

　フィンランドはVarusmiespalvelus(徴兵制)があり、男性は18歳から29歳までの間に、165〜347日間の兵役義務があります。兵役を終えると60歳までは予備役として登録され、有事の際に召集がかかる可能性があります。所属部隊によっては、兵役後も訓練への参加を求められることがあります。この訓練期間に仕事を休むことになった場合、給料は保証されます。兵役を希望しない人には、高齢者施設で働いたり、病院の事務業務に就くなどの社会奉仕活動というかわりの選択肢もあります。また、女性も希望すれば参加することができます。近年は増加傾向にあり、年間1500人ほどの女性が志願しています。

　フィンランドの人口約560万人中、約90万人の予備役がいます。「安全があってこその幸せな社会」と考える人が多く、国防に対する意識が高いです。

一生に一度は見たい風景　　　no.188

　当たり年ではない限り、ヘルシンキでRevontuli（オーロラ）が見られるのはまれなこと。ある年の8月後半の夜、大勢の人たちが外に出て夜空を見上げ、紫や緑に輝く光のマジックショーに歓声を上げました。フィンランド人はあまりオーロラで騒ぎませんが、夏のヘルシンキで見られるなんて、思いがけない突然のサプライズに大喜び。オーロラのシーズンは9月から4月頃で、北極圏にあるラップランド地方には多くの人たちがオーロラを一目見ようとやってきます。こればかりは運と天候次第。極寒を耐えてどんなに粘っても見られないこともあれば、運よく数日間の滞在ですんなりと見られることも。

　また、フィンランドの夜空は、迫力あるオーロラに負けないくらい星が鮮明に見えて、流れ星もたくさん見られます。

たっぷりの生クリームを頬張る　　no.189

　かつてはイースター前の断食期間である四旬節に入る前日の火曜日に食べられていた、伝統的な菓子パンLaskiaispulla。高カロリーな甘いスイーツです。ラスキアイスはフィンランド語で「丘の上からソリで滑る」ことを意味し、プッラは甘い菓子パンのこと。カルダモンのスパイスがきいた重めのパン生地をくり抜いて、なかにアーモンドペーストまたはラズベリージャムを入れ、その上にたっぷりの生クリームをのせます。最後にカットしたパン生地を帽子のようにかぶせて、アーモンドスライスや粉砂糖をまぶしてでき上がり。ラズベリージャム派かアーモンドペースト派で、好みが分かれます。

　ヘルシンキでは年明けから2月後半まで季節限定でカフェに並び、たくさんの人がラスキアイスプッラを目当てに店を訪れます。クロワッサン生地版が登場したりなど、この時期になると毎年何かと話題を集めます。

四角いパンケーキ

no.190

　フィンランドのパンケーキはPannukakku、愛称Pannariと呼ばれ、家庭でよくつくるおなじみのスイーツです。つくり方はとてもシンプル。卵、小麦粉、牛乳などを混ぜた生地を少し寝かせて、天板にそのまま流し込み、オーブンで焼きます。焼き上がったら格子状にカットし、お好みでカルダモン(粒)を入れたホイップクリームや、ベリーのジャムを添えていただきます。豪快に天板でつくるので、大人数分を簡単につくることができます。

　日本で食べるパンケーキとは全く別もので、生地は重めでもっちりしていて食べごたえがあり、素朴な味わい。キリスト教の伝統で、フィンランドでは毎週木曜日のランチにパンケーキとえんどう豆のスープを食べるのが定番です。このセットはレストランや社員食堂、学校給食、家庭でもよく食べられます。みんなパンナリが大好き。

雪をかぶったヘルシンキ大聖堂   no.191

　氷点下の気温が続いて雪がしんしんと降り積もると、あたり一面真っ白な雪景色になります。ヘルシンキは夏の風景も素晴らしいですが、雪化粧をした冬の街並みも素敵だなと思います。ヘルシンキ大聖堂のエメラルドグリーンの屋根も白い雪をかぶり、夏とは違う美しさがあります。大聖堂はヘルシンキのシンボルで、白亜の外壁と5つのドームが美しい福音ルーテル派の総本山です。
　大聖堂に向かってのびる冬のSofiankatu通り(ソフィアンカトゥ)は、人の気配がほとんどありません。静寂に包まれるなか、時々トラムが街を走る音が聞こえてきます。両側の建物を結ぶように、冬の間はクリスマスツリーをイメージしたモミの木のリースと星が飾られ、うっすらとライトアップされます。どの季節もシンプルでセンスのいい飾りが素敵（P.32）。冬の街並みに見とれて体が冷えてきたら、近くのCafé Engel(カフェ エンゲル)へ。コーヒーとケーキを味わいながらあたたまりましょう。

冬のごちそう、蕎麦粉のパンケーキ   no.192

 多くのヘルシンキのレストランでは、1月から3月の間にそれぞれBliniviikot（ブリニ週間）を設けて、期間限定メニューとしてブリニを提供します。ブリニはフィンランドの冬によく食べられる料理で、蕎麦粉を使った分厚いパンケーキのこと。

 大きさは直径14cmから、もっと大きなものまでいろいろ。元々はロシアから伝わったもので、1990年代からフィンランドでも食べられるようになりました。鉄製のブリニ専用のフライパンに、たっぷりのバターをひいてじっくり焼きます。外はカリカリ、なかはふわふわ。口に入れると蕎麦粉のいい香りが鼻から抜けてとてもおいしい。酢漬けのきゅうりやサワークリーム、魚卵、刻んだマッシュルームやスモークサーモンをサワークリームとあえたものなどをトッピングしていただきます。フィンランドの人たちは、大好きなブリニを食べながら遠い春を待ちます。

マイナス30度の世界　　　no.193

　1月10日頃が一年でもっとも寒く、雪と氷があたり一面を覆い尽くしすべてが凍りつきます。ヘルシンキでもマイナス30度近くまで下がることがあり、身の危険を感じるほど。

　いちばん重要なのは体感温度で、気温がマイナス20度でも強い海風の影響で実際の気温よりもさらに低く感じるからです。寒い日のほうが、より太陽が顔を出すことが多く、地平線の低い位置で小さな太陽が光を放つと目に突き刺さるのでサングラスは欠かせません。口から冷たい空気を大きく吸うとむせてしまい、肺に負担がかかるため、鼻呼吸がいいといわれています。吐く息で髪の毛やまつ毛、鼻の入り口が凍ります。寒いというよりは肌に刺さる痛さで、長い時間は屋外にいられません。移住してはじめての1月はマイナス28度まで下がり、きびしい洗礼を受けたことは忘れられません。細かな氷の結晶が太陽の光を反射させて一面に舞うダイヤモンドダストを見られる日も。

凍ったバルト海を歩く冒険　　　　no.194

　1月から2月にかけて海は分厚く凍り、その上に雪が積もってバルト海の上を歩くことができます。夕方4時頃太陽が沈み、あたりが刻一刻と暗くなるなか、人々はオレンジ色の空のほうへ向かって凍った海の上を進んでいきます。犬と一緒に歩く人、自転車に乗る人、手をつないで歩くカップル……。遠くまで歩いていく様子はとても幻想的。

　普段は海なのでボートに乗らないとたどりつけない場所も、冬の1か月間ほどはこうして歩いていくことができ、非日常を味わえる冬の冒険です。静かな氷の世界が広がり、氷を踏むザクザクとした音だけがあたりに響きます。吹きつける風は頬を刺す痛さで、足元は氷で冷え切って想像を超える寒さ。人が歩く場合は氷の厚みは5〜10cm以上ないと危険で、ひとりが歩きはじめると、みんなその足跡を追いかけて歩きます。ただし毎年氷が崩れて水のなかに落ちてしまう事故が起きるので要注意。

みんなでつくる氷のお城　　no.195

　厳冬の1月はすべてのものが凍る自然を最大限いかし、海辺に手づくりのJäälinna（氷の城）がつくられます。空の牛乳パックのなかにジュースやほうれん草など野菜のゆで汁、果汁などを入れて、屋外に1〜2日間おくとカラフルなアイスキューブのでき上がり！　みんなが持ち寄って積み重ねていき、氷のお城のアートが完成します。凍らせたアイスのなかには、花やローズマリーなどのハーブが入れられたものやハートの型抜きを使った上級者までいて、アイデア満載。凝ったものからシンプルなものまで色とりどりで綺麗です。

　いつもの散歩の途中、足を止めてじっくり氷のお城観賞と写真撮影を楽しみます。触れると冷たいけれど、眺めているとあたたかい気持ちになるから不思議。晴れると光が透き通りキラキラと輝いて、あたりは明るい色で満ちあふれます。お金をかけずに、知恵とアイデアが詰まった作品に感心します。

バルト海で活躍する砕氷船　　　no.196

　ヘルシンキのカタヤノッカ地区の海岸沿い周辺には外務省や沿岸警備隊の施設があり、ヘルシンキ市の重要な拠点でもあります。1970年以来、カタヤノッカ港に6隻の砕氷船が停泊していて、冬は沖に出て凍結した海を大型フェリーなどが運航できるように氷を砕きます。夏の間は、港に行けば近くで見ることができます。

　それぞれウルホ（男性の名前）、シス（フィンランド魂・不屈の精神を表す）、ヴォイマ（パワー）、コンティオ（熊）、オッツォ（熊）、ポラリス（北極星）というフィンランドらしい名前がつけられていて、市民に親しまれています。ポラリスは世界ではじめてクリーンエネルギーの液化天然ガスを燃料として使用した砕氷船で、きびしい冬の寒さにも対応しています。停泊中の海岸沿いには、なんとそれぞれの名前が書かれたカラフルな郵便ポストがおかれています。ファンレターが届くのかもしれません。

デザインのモチーフは自然から　　no.197

　フィンランドデザインは、デザイナーが身近な自然や動物からインスピレーションを得て、デザインのモチーフに取り入れることが多いです。たとえば、フィンランドのテーブルウェアブランド「イッタラ」のウルティマツーレ・シリーズは、ラップランド地方で氷が溶ける風景からアイデアを得てデザイナーのTapio Wirkkala(タピオ ヴィルカラ)がデザインしました。とくにグラスが有名で、各家庭で大切に受け継がれ、使われ続けています。Oiva Toikka(オイヴァ トイッカ)の代表作バード(鳥)は美しい作品で、豊かな自然風景を連想させます。

　1月から2月頃は気温がマイナス25度まで下がり、バルト海が分厚く凍るとその上に無数に咲く花のような氷の結晶、フロストフラワーを見ることができます。間近で見ると繊細な羽根のようにも見え、限られた時期にしか見ることができない特別な現象です。上を歩くとシャリシャリと鋭い音を立てて粉々に崩れる様が儚いです。

森のなかの療養所　　　　　　no.198

　建築家アルヴァ・アアルトが設計したPaimion parantola（パイミオン パラントラ）（パイミオ・サナトリウム／結核療養所）は、1933年に完成した機能主義建築です。トゥルク近郊の自然豊かな森のなかにあり、結核治療のための長期滞在施設として設計されました。あたりは新鮮な空気にあふれ、日当たりのいい建物です。真っ白な外観に日除けシェードはオレンジと緑色。暗く長い冬も乗り越えられるように、内装は日光をイメージした黄色い床や明るい色を採用しています。7階の屋上には、日光浴と外気浴をするためのテラスが設けられ、患者たちの呼吸トレーニングが毎日行われていました。周囲は見渡す限り、アカマツに覆われています。

　アアルトと妻アイノは、この療養施設の患者のために「パイミオ・チェア」をデザインしました。背面後ろの上の筒状の部分に両腕を入れると胸が大きく開き、呼吸がしやすくなるように設計されています。

円柱形のおいしいタルト

no.199

　2月5日は、フィンランド国歌「Maamme(我らの地)」を作詞した国民的詩人、J.L. Runebergの誕生日で国旗掲揚日です。1月から2月5日頃に食べられる伝統菓子のタルト、Runebergintorttu(ルーネベリタルト)は、ルーネベリの妻のフレドリカが夫のためにつくったそうで、彼が好きだったことから名づけられました。

　アーモンドとラム酒で風味漬けしたずっしりした円柱形のスポンジの上にラズベリージャムがのっていて、そのまわりを砂糖でアイシングしています。酸味のきいたコーヒーによく合います。スーパーマーケットやベーカリーで売られています。ルーネベリが生涯の大半を過ごしたポルヴォーにあるカフェ、Tee- ja Kahvihuone Helmiでは一年を通して食べることができます。ポルヴォー旧市街には、ルーネベリが住んでいた家がそのまま残され、1860年代当時の雰囲気が味わえるミュージアムとして一般公開されています。

大規模な地下空間、普段の様子 no.200

　2月7日はVarautumispäivä(備える日)。1939年に勃発した第一次ソ連・フィンランド戦争（冬戦争）後、1950年代からアパートや職場、公共施設、ホテルなどにオレンジ色に青い三角マークが目印のVäestönsuoja（地下シェルター）がつくられ、今も残っています。

　アパートの地下は、普段は住民の物置倉庫などとして利用されています。中心部のエロッタヤ地区の地下はクモの巣のようなつくりで、駐車場として使われています。ハカニエミマーケット広場の地下深くにはスポーツ施設や、子どもが遊べるトランポリンや滑り台があります。東ヘルシンキのイタケスクス地区にある大規模な地下の市民プールでは、子どもたちがにぎやかに泳いでいます。有事の際、これらの施設は72時間以内に地下シェルターとして利用できるように準備されます。人口約68万人のヘルシンキ市には約5500か所あり、住民以外の旅行者も入れるように約90万人分のスペースが確保されています。

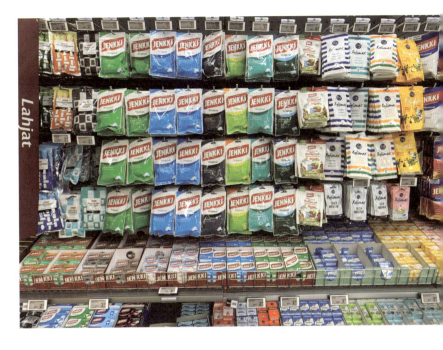

キシリトールは子どもの頃から　　no.201

　ヨーロッパでは歯並びのよさが重要視され、幼少期から歯列矯正をすることはごく一般的。さらに口腔ケアに対する意識も高いと感じます。フィンランド人の虫歯予防に欠かせないキシリトールは、白樺樹木を原材料とする天然甘味料として、歯磨き粉やガムなどに使われます。スッとした清涼感が特徴的。スーパーマーケットにはKsylitoli（キシリトール）の棚があり、さまざまな種類の商品がぎっしり並んでいます。なかでもフィンランドブランドのJenkkiのものが人気。子どもが食後になめるソフトキャンディやタブレットが手頃な値段で購入できます。

　一般的にフィンランド人の歯のお手入れは朝晩2回の歯磨きで、じっくりと時間をかけて磨きます。ランチや間食の後は、ガムを1粒口のなかに入れてよくかみます。歯の汚れを落とし、歯周病予防にも効果が期待できます。

氷のキャンドルホルダーをつくる　　no.202

　フィンランド人のキャンドル消費量は多く、長い冬の間、自宅で毎日たくさんのキャンドルを炊いて過ごす習慣があります。揺らめく火は暖かさを感じられ、リラックスできるそう。レストランでも薄暗い店内のなか、それぞれのテーブル中央にキャンドルが灯され、食事を楽しみます。街を歩くと通りの店先には、足元を照らす大きなキャンドルホルダーがおかれています。キャンドルやホルダーもいろいろなデザインと色、サイズが売られています。

　この季節ならではの楽しみが、氷のキャンドルホルダーづくり。マイナス気温が続くとバケツなどに水を張り、そのまま外に出しておきます。外側が凍ったら、中心が凍る前にバケツを逆さまにして取り出します。なかの水をぬいてキャンドルを入れればでき上がり。あまり分厚くなると灯りが氷から透けづらくなるので、厚みの確認は忘れずに。自宅の入り口やサウナ小屋の前におかれることが多いです。

Kevättalvi

晩冬

みんなが楽しめる友だちの日　　no.203

　2月14日のバレンタインデーは、多くの国では恋人の日としてお祝いされますが、フィンランドでは、Ystävänpäivä（友だちの日）として親しまれています。パートナーがいる人もいない人も、夫婦や恋人、友人同士、性別に関係なくみんなが楽しむ日。大切な人に日頃の感謝の気持ちを込めて、カードやチョコレートなどささやかなプレゼントを贈ります。街中ではピンク色や真っ赤な風船、ハート形の商品をたくさん見かけます。レストランで友人同士集まって食事をしたり、映画鑑賞やスケートをしたりなど、この時期らしい過ごし方で一緒に楽しみます。

　すべての人が自由にお祝いできるスタイルは、多様なフィンランド社会が映し出されていると感じます。のびのびと楽しくお祝いできる「友だちの日」がもっと世界中に広がりますように。

体をあたためるスパイス

no.204

　ピリッとスパイシーですっきりとした味わいが特徴のKardemumma（カルデムンマ）（カルダモン）は、甘い菓子パンの生地に粗挽き粒が練り込まれていたりなどよく使われます。シナモンと並んで、どこの家庭でも常備しているスパイスのひとつ。血のめぐりをよくして体をあたため、風邪の引きはじめにとるといいとされています。寒いこの時期はとくに重宝します。香りには気持ちをやわらげ、リラックスさせる効果もあるとか。

　スーパーマーケットのスパイス売り場には、チューブ状のケースに入ったカルダモンの粗挽き粒が、1ユーロ以下と手頃な値段で売られています。菓子パンづくりやドリンクなどに使う際、ケースから直接入れられてとても便利。この味に慣れてくると、カルダモンが入っていない菓子パンを食べた時、何か風味が物足りないように感じてしまうこともあります。

長く愛されるファッツェルブルー   no.205

　フィンランドを代表するお菓子メーカーFazerは、1891年にKarl Fazerが創業しました。Fazerin sininen（ファッツェル・ブルー）と呼ばれるミルクチョコレートがロングセラーの大人気商品（写真）。なめらかな口どけで甘すぎず、クセになるおいしさです。どこか懐かしさが感じられる素朴な味わいで、来客時のお茶菓子としてもポピュラー。厳選した高品質なカカオが使われていて、一粒食べると幸せな気持ちになります。

　光沢感のある青いパッケージはシンプルかつ上品なデザインで、これを見ると心が躍る人も多いはず。さまざまなサイズや個包装もそろっているので、プレゼントにも喜ばれます。板チョコを買うと、包装紙にメッセージや名前を入れてくれるサービスも。ヘルシンキ中心部のKluuvikatu通りにある本店のカフェ兼ショップでは、豊富な種類のチョコレートや見た目も綺麗でおいしいケーキが食べられます。

元刑務所がホテルに変身   no.206

　大聖堂から徒歩20分ほどのカタヤノッカ地区の閑静な住宅街に、Hotel Katajanokka(ホテル カタヤノッカ)があります。もとは1837年から2002年の160年以上の長きにわたり、刑務所として使われてきた建物です。第二次世界大戦直後には多くの政治家などが収監され、フィンランドの第5代大統領Risto Ryti(リスト リュティ)が収容されていたのは有名な話。

　国の保護文化財として当時のまま残され、建物は高いレンガづくりの壁に囲まれています。館内は改装され、2005年にホテルとして生まれ変わりました。高い天井とアーチ型の窓、長い廊下をはさんで左右にあった独房はモダンな客室になり、落ち着いた雰囲気が漂います。館内の至るところに当時の名残があり、地下には独房が残されていて見学が可能。レストランのスタッフは看守や囚人服を着ていて、お客に出される食器はステンレスコップが使用され、元刑務所らしい演出でユニークな体験ができます。

ラップランドでトナカイに出会う　　no.207

　フィンランド北部のラップランド地方には、人口約18万人に対し、トナカイが20万頭ほどいます。おとなしい性格で、のんびりと自由に森のなかで過ごしていますが、道路をトナカイの群れが歩いているのもごく普通の光景。運転している時にトナカイに出会ったら、一時停止をして群れが通り過ぎるのをじっと待ちます。森から道路に突然飛び出してくるトナカイと衝突しないように、ドライバーは注意が必要です。野生のトナカイも家畜化され、首輪などをつけて1頭ずつ大切に管理されています。寒さに強い動物でマイナス50度でも生きられます。
　トナカイは先住民族のサーメ人たちの暮らしに欠かせない存在。暖かくて丈夫な毛皮や淡白でヘルシーな赤身肉、ツノとあますところなく感謝していただく習慣があります。

幻想的な樹氷の世界

no.208

　1月末から2月中旬にかけて、フィンランド北部のコリ国立公園にあるスキー場やラップランド地方ではTykkylumi(樹氷)が見られます。マイナス30度にもなるこの時期、木々に降り積もった雪が氷になり何層にも重なって、モコモコとした大きなスノーモンスターに変身します。フィンランドでも北部に行かないと見ることができないめずらしい冬の自然風景です。

　音のない静かな凍てつく森で、たくましくそびえ立つ樹氷をはじめて間近で見た時の感動は今でも覚えています。風が吹くと木の表面が揺れ氷の小さな粒が舞い上がり、とても幻想的な世界が広がります。今にも動き出しそうな樹氷群は、ちょっと不気味なほど。一度は見てほしいフィンランドのとっておきの冬景色です。

極寒の森のなかを滑る

no.209

　2月から3月にかけて1週間ほどのHiihtoloma（スキー休暇）があ
り、小中高校が休みになります。この休暇は1933年に法律で定めら
れ、冬の間、家に引きこもりがちな子どもたちの健康促進を目的とし
ています。屋外に出て新鮮な空気を吸い、体を動かすことで、残りの
学期末までエネルギッシュな生活が送れるように、心身をリフレッシ
ュします。

　全国の学校が一斉に休みになるわけではなく、公共交通機関や道
路の渋滞、スキー場での混雑を防ぐため、地域ごとに1週間ずつずら
して休むよう工夫されています。ヘルシンキのスキー休暇の順番がく
ると、学校が休みになる子どもに合わせて、大人も1週間の休暇を取
り、家族でラップランド地方にスキー旅行へ行く家庭が少なくありま
せん。フィンランドは山がほとんどなく平地のため、ダウンヒルスキー
よりクロスカントリーが主流です。

冬はおいしいスープであたたまる　　no.210

　寒い冬は、身体があたたまるスープをよく食べます。一年を通してたいていのカフェやレストランではランチで「日替わりスープ」が提供され、野菜のポタージュスープなどがパンとセットで食べられます。スープは大きな器に並々と注がれ、ボリューム満点。

　そしてフィンランドでもっともよく食べられる定番のスープといえば、具だくさんのLohikeitto（サーモンスープ）。サーモンのうまみと野菜のやさしい味わいがおいしい。家でもよくつくります。大きめに切ったじゃがいもとにんじん、玉ねぎを水と固形ブイヨンで煮てやわらかくなったら、一口大に切った生鮭を加え、牛乳と生クリーム、バター、塩、粒こしょうで味をととのえます。最後にディルをたっぷり加えてでき上がり。日本でも手に入る材料でつくれるので、ぜひお試しを。ヘルシンキで食べるなら、大聖堂前のCafé Engelのサーモンスープがあっさりしていて食べやすく、おすすめです。

黒いキャンディが大好物

no.211

　子どもから大人まで、フィンランド人は黒いグミのようなキャンディが大好き。そのひとつがLakritsi（リコリス）、愛称Laku。スペインカンゾウ（甘草）の根っこからとれる甘味料で、ハーブのような独特な香りが特徴です。もうひとつがSalmiakkiで、リコリスと塩化アンモニウムで味つけした塩味が濃い強烈な風味です。どちらもクセになる味、だそうです。車のタイヤのような見た目で弾力があり、歯にくっつくかたいゴムのような感じ。粉状のものもあり、そのまま口に含むと溶けていきます。

　スーパーマーケットでは棚一面に袋に入ったグミ菓子が売られているほか、大きな面積を占める量り売りコーナーでは、自分で好きなだけ袋に詰めて買うスタイルが人気。週末に入る金曜日には、たくさんの人がうれしそうな顔をしながら袋のなかにお気に入りのグミを次から次へと詰めていきます。

体の力を抜いて歩くことが大事　　no.212

　雪が降り積もりマイナス気温が続くと、道路が凍結します。寒さがゆるんで0度近くまで気温が上がると氷が溶けはじめ、道路はツルツルに。とくに1月から3月にかけては歩道がアイススケートリンクのようになり、慣れているこの国の人たちでも転んで骨折などの怪我をすることがあるので、十分に気をつけなければいけません。市やアパートの管理会社が、毎朝除雪車で雪を移動してくれます。さらに歩道には滑り止めや転倒防止対策として、大量の砂利が撒かれます。

　フル装備の重たい防寒着を着て歩くのは大変ですが、できる限り体の力を抜いて歩くことが大事です。スパイクつきブーツを履いていても油断禁物。屋内に入ると今度は床でスパイク部分が滑り危ないため、取りはずし可能なスパイクをブーツにつけている人もいますが、着脱が面倒という声も。また、建物の頭上には氷柱（つらら）がぶら下がっているので、外を歩く際は頭上にも要注意です。

ヘルシンキの老舗レストランで

no.213

　ヘルシンキでもっとも歴史を感じられる名店Savoy(サヴォイ)は、老舗の高級レストラン。大事な人と特別なお祝いで訪れたい、とっておきの場所です。1937年にアルヴァとアイノ・アアルト夫妻が内装を手がけ、機能的な家具とクラシックで落ち着いた雰囲気の店内は、アアルトの世界観が表現されているといわれています。2020年に改装工事を終えて、リニューアルオープンしました。

　建物の最上階にある眺望が素晴らしいテラス席には、特別仕様でつくられた「611 チェアサヴォイ」がおかれています。室内のインテリアには、あたたかみのある照明「ペンダント A201」や「ペンダント A330S ゴールデンベル」が取り入れられています。眼下に広がるヘルシンキの街や、太陽が沈み移り変わる空の様子を見ながら食事が楽しめます。

日常使いのアアルトベース no.214

Aalto Vase（アアルト ベース）は、建築家のアルヴァ・アアルトが1936年に発表したコレクションで、彼の代表作品のひとつ。斬新で美しいカーブは、フィンランドの湖や白樺の根本の断面の形など、自然の風景を思い起こさせます。

ヘルシンキから北へ約135kmのハメーンリンナ市内にあるイッタラ・ビレッジのガラス工場で、木型を使って一つひとつていねいにつくられています。さまざまな色とサイズがそろっていますが、高さ140mmの使いやすいサイズとクラシックなクリアカラーがとくにポピュラー。もちろん植物や花をいけて花瓶として使ったり、そのままオブジェとしておいても素敵で、部屋にひとつあると一気に空間が華やぎます。

何度も冬に逆戻りしながら　　no.215

　日本には三寒四温という言葉がありますが、フィンランド語では、一度去りかけた冬がまた戻ってくることをTakatalvi（タカタルヴィ）といいます。2月下旬になると正直冬はもううんざり、暖かくなる春への片思いは、膨らむばかりです。待ちきれない思いが募る一方で、現実はまだまだ寒く、いつ雪が積もってもおかしくないような天気が続き、コートが手放せません。車のスパイクタイヤはいつ履きかえればいいのやら……。悩ましい時期です。

　フィンランドの冬は本当に長くてしぶとい。簡単には季節が進まず、道路からやっと雪が消え、歩きやすくなったと思った矢先、また雪が降り積もる……。がっかりして、心が折れそうになります。やっと少しずつ春めいてくる3月半ば、年によっては5月初旬くらいまでそれを繰り返します。辛抱強く待ち続けるしかありません。何事も焦らずに我慢強い国民性は、この気候が大きく影響しているのかもしれません。

春の日差し、光の復活を喜ぶ　　no.216

　朝目が覚めた時、窓のブラインドの隙間から光が差し込み、部屋の壁に影ができていると、眠気が一気に吹き飛びます。太陽は高く上らず低い位置から差し込みます。次いつ出てくるかわからない気まぐれな太陽に翻弄されながら、「早く外に出て少しでも日光を浴びないと」という衝動に駆られます。

　光と影――。日本に住んでいた頃は、全く意識をしたことがありませんでした。フィンランドで暮らす人々にとって光の復活、待ちに待った太陽が戻ってきた喜びはとても大きいものです。アパートの内階段や壁にできる影の模様はアートのようで、つい写真に収めたくなるほどうれしい気持ちになります。それと同時にきびしい冬の名残りとして、ホコリが舞い散り汚れてかすんだ窓ガラスがあらわになります。室内に綺麗な光が入ってくるように、家中の窓拭き掃除をして春の日差しを迎え入れます。

216 のエッセイとキーワード

Kevät 春

no.001 フィンランド人女性はたくましい 国際女性デー ─6／no.002 新鮮な花を買うなら生花店で ─7／no.003 春を告げる小さな野花 チオノドクサ ─8／no.004 かわいらしい庭の訪問者 野ウサギ ─9／no.005 生活に根づくリサイクル文化 ─10／no.006 仮装した子どもたちがやってくる イースター ─11／no.007 犬と歩む豊かな人生 犬の日 ─12／no.008 黄色づくしのクレイジーセール ─13／no.009 生活に欠かせない白樺の木 ─14／no.010 白い帽子とともに春を祝う メーデー ─15／no.011 揚げものと炭酸でパーティー ─16／no.012 こんにちはのバラエティー ─17／no.013 キートスの言い方 ありがとう ─18／no.014 美しいその姿に見惚れて ハツィス・アマンダ ─19／no.015 母の日には白い花を ヤブイチゲ ─20／no.016 多様化する家族のカタチ ─21／no.017 極北の地でお花見を ロイフヴオリ桜公園 ─22／no.018 モミの木の新芽のハーブティー ─23／no.019 帰ってきたなとホッとする場所 ヘルシンキ中央駅 ─24／no.020 中央駅の見張り番たち 石男たち ─25／no.021 合理的なゴミ箱と回収スタイル ─26

Alkukesä 初夏

no.022 華やかなMarimekkoデー ─28／no.023 カラフルなドレスを身にまとって ─29／no.024 幸せをもたらす可憐な花 スズラン ─30／no.025 やさしい香りに包まれて ライラック ─31／no.026 大聖堂を眺めるなら ソフィアンカトゥ通り ─32／no.027 念願の太陽を全身全霊で 日光浴 ─33／no.028 圧倒的な存在感を放つ マンネルヘイム ─34／no.029 旬のルバーブパイ ─35／no.030 手のひらいっぱいの喜び エゾノウワミズザクラ ─36／no.031 窓の向こうに揺らぐ黄色いカーテン キングサリ（黄花藤） ─37／no.032 上から見るヘルシンキ ソロ・ソコス・ホテル・トルニ ─38／no.033 ピクニックに人気のおつまみ えんどう豆 ─39／no.034 ヘルシンキっ子が夏に訪れる島 スオメンリンナ島 ─40／no.035 日課の島散歩 ラウッタサーリ島 ─41／no.036 見事なシャクナゲとツツジ ハーガン・アルッピルースプイスト公園 ─42／no.037 港町ヘルシンキ、カモメとの戦い ─43／no.038 新郎新婦を祝う 結婚式 ─44／no.039 カレリア地方の奇妙な彫刻公

園 パリッカラ彫刻公園 ……45／no.040 車窓から見る初夏の花 ルピナス ……46／no.041 フィンランド産ベリーのワイン アイノア・ワイナリー ……47／no.042 土がほのかに香る旬の味 じゃがいも ……48／no.043 のんびり待ちましょう カオジロガン ……49／no.044 「ハリプー」のススメ 木とハグしよう ……50／no.045 フィンランド人が大好きなケーキ ブリタケーキ ……51／no.046 青空1000人テーブル ヘルシンキデー ……52／no.047 探しものはクリーニングデーで ……53／no.048 森のなかで頭脳派スポーツ フリスビーゴルフ, オリエンテーリング ……54

Kesä 夏

no.049 グリッリからのにおいに誘われて BBQ ……56／no.050 終わりの見えない夏の工事 ……57／no.051 夏至に咲くフィンランドローズ ……58／no.052 夏のはじまりはにぎやかに 夏至祭 ……59／no.053 夏至の花かんむりに馳せる思い ……60／no.054 白夜、夢と現実のはざまで ……61／no.055 休むことは何より大事 ……62／no.056 自然のなかでのんびりと過ごす夏 サマーコテージ ……63／no.057 小屋までいちご！ ……64／no.058 完全オフモードの7月 ……65／no.059 クラシックなぜいたく空間で カッペリ (レストラン・カフェ) ……66／no.060 森のなかのミュージアムを訪ねて KWUM ……67／no.061 ストリートアートを楽しむ ……68／no.062 動物が描かれたプレート ……69／no.063 重厚なアール・ヌーヴォー建築 ポホヨラ保険会社ビルディング ……70／no.064 街に点在する神聖な熊の像 ……71／no.065 国の宝、おいしい水 ……72／no.066 すべての人が持つ自然享受権 ……73／no.067 目印に沿って歩いていけば大丈夫 ……74／no.068 いちごジャム派？ 生クリーム派？ クレープ ……75／no.069 夏の森で無我夢中 ブルーベリー摘み ……76／no.070 自家製ブルーベリーパイ ……77／no.071 宝石のような赤黒白スグリ ……78／no.072 暮らしに息づく松の木のかご ……79／no.073 森へのお供に欠かせない 木のマグカップ ……80／no.074 夏の冒険、トーベが過ごした島へ ルーヴハル島 ……81／no.075 さっぱりとした夏のひと皿 モトコクチマス ……82／no.076 ヘルシンキの美しい通りを歩く フヴィラカトゥ通り ……83／no.077 アイスクリーム大好き！ ……84／no.078 夜のビーチでひと泳ぎ ……85／no.079 夏はヨットで群島めぐり ……86／no.080 広大な空に浮かぶ熱気球 ……87／no.081 海辺にある昔と変わらない風景 マット専用洗濯場 ……88／no.082 羊に会いに行こう

ランマスサーリ（羊の島）──89／no.083 美しい自然のなかで朝食を アウランコ自然保護区 ──90／no.084 屋外コンサートの魅力 ──91／no.085 キオスキの役割とは ──92／no.086 自由でおおらかに育てる 街の花壇 ──93／no.087 海辺のマリメッコのコテージで ホテル・ランタプイスト ──94／no.088 大迫力の急流スポット ヴァンハンカウプンギンコスキ急流 ──95／no.089 市民菜園の奥深さ ──96／no.090 おばちゃんたちの手づくりカフェ ──97／no.091 地域密着のREKOとは ──98／no.092 住まいにかける情熱 住宅博 ──99／no.093 魚のような形をした礼拝堂 ピュハン・ヘンリキン・エクメーニネン・タイデカッペリ ──100／no.094 アコーディオンのアパート ──102／no.095 ハリネズミに注意してね ──103／no.096 地元の人でにぎわうバー ビック・ヴァッリラ ──104／no.097 カレリアの神秘的な景色を望む コリ国立公園 ──105／no.098 太陽のようなオレンジ色のベリー クラウドベリー ──106／no.099 歌って飲んで、ザリガニパーティー ──108／no.100 8月に注ぐ光は特別で美しい ──109／no.101 心地いい空間、アアルト建築 アアルト自邸 ──110／no.102 青いトラックにのせて新居へ ──111／no.103 驚きの道路事情 ──112／no.104 黄金色に輝くひまわり ──113／no.105 これにて、夏はおしまい ベネチアライセット ──114

Syksy 秋

no.106 目を凝らしてきのこ探し ──116／no.107 カンタレッリのクリーム煮 ──117／no.108 長蛇の列ができる理由 無料バケツ ──118／no.109 おしゃべりが弾む、屋外喫茶店 ──119／no.110 スパイスいろいろ、サーモン！ ──120／no.111 いつまでも座っていたくなる椅子 ドムス・ラウンジ・チェア ──121／no.112 フィンランドデザインに夢中 ハビターレ ──122／no.113 年齢に関係なく生涯学ぶ ──124／no.114 歴史ある島で現代アートを楽しむ ヴァッリサーリ島 ──125／no.115 私のパワースポット アウランコ自然保護区の展望台 ──126／no.116 迫力ある熊の一家 ──127／no.117 街全体が色づく時 紅葉 ──128／no.118 暮らしに欠かせない市民の足 トラム ──129／no.119 日課のコーヒー休憩 ──130／no.120 仕事終わりの過ごし方 ──132／no.121 公私ともに無駄のないメール ──133／no.122 心のよりどころ、神聖な場所 サウナ ──134／no.123 サウナグッズを買うならここへ カウリラン・サウナ・ショップ ──135／no.124 身体と地球にやさしい食の選択肢 ──

136／no.125 極夜を乗り切るための必需品 リフレクター ──137／no.126 赤いベリーのヘルシーなおやつ リンゴンベリーとオーツ麦のパイ ──138／no.127 酸っぱいりんごの食べ方 139／no.128 意外な組み合わせにびっくり ミートボール 140／no.129 ラハカのパッケージ表記を見ると ──141／no.130 オーツミルクが人気 ──142／no.131 今年も漁師たちがやってきた！ ニシン市 ──143／no.132 どのカフェにする？ ──144／no.133 おいしいプッラを求めて シナモンロール ──145／no.134 変わりつつある郵便局 ポスティタロ ──146／no.135 一日1食はあたたかいメニューを ──147／no.136 金曜日はピザの日 148／no.137 「サーオッター」とは？ ──149／no.138 読書が大好きな国民性 オーディ・ヘルシンキ中央図書館 ──150／no.139 キャッシュレス社会 ──151／no.140 大事なのは人間性 ──152／no.141 自分の分は自分で払う ──153／no.142 ひとり時間を持つことの大切さ ──154／no.143 公共トイレはジェンダーフリー ──155／no.144 身近にいる白鳥たち ──156／no.145 公用語がふたつある国 ──157／no.146 炭を落としたように真っ暗な極夜 ──158

Alkutalvi 初冬

no.147 安心する窓際のランプ 星形のランプ ──160／no.148 季節感のあるディスプレー ──161／no.149 誕生日のあれこれ ──162／no.150 冬支度は抜かりなく ──163／no.151 冬の乾燥対策アイテム フランシラ（オーガニックコスメ）──164／no.152 マリメッコのファブリック ──165／no.153 サラダをたっぷり食べる 166／no.154 「選挙コーヒー」は大事な習慣 ──167／no.155 全身黒いファッションの理由 ──168／no.156 北国の食料品事情 ──169／no.157 昔懐かしい雰囲気、レトロな酒屋 国営酒屋 ──170／no.158 メトロのルール ──171／no.159 冬の趣味はネウロンタ 編みもの ──172／no.160 道端のアイススケートリンク ──174／no.161 やさしいふるさとの味 カレリアパイ ──175／no.162 バラエティー豊かな国鉄車両 ──176

Sydäntalvi 真冬

no.163 アドヴェントカレンダー合戦 ──178／no.164 青と白の国旗がはためく日 国旗掲揚日 ──179／no.165 ツリーはどこからやってくる？ ──180／no.166 ガラスのなかは夢の世界 クリスマスウィンドー ──181／no.167 別世界へ誘うイルミネーション ──182／no.168 心躍るクリスマスパレード ──183／no.169 みんなで一緒に祝う 独立記念日 ──184／no.170 ヘルシンキで訪れたい公園 シベリウス公園 ──185／no.171 食物繊維たっぷりの朝ごはん オーツ麦のお粥 ──186／no.172 定番のクリスマススイーツ クリスマスパイ、ジンジャーブレッド ──187／no.173 おだやかなクリスマスマーケット ──188／no.174 グロッギとクリスマスプーロ ホットワイン、クリスマスのミルク粥 ──189／no.175 天気と気温はいちばん大事 冬至 ──190／no.176 地下に広がるデザイン空間 メトロの駅 ──191／no.177 赤いテントのなかに季節の花々 ──192／no.178 根強く残るカード文化と上質な紙 ──193／no.179 街角で、センスのいい看板に出会う ──194／no.180 かつてはお守りだったヒンメリ モビール ──195／no.181 家族で過ごすヨウル クリスマス ──196／no.182 ヘルシンキの美しい教会 ラウッタサーリ教会 ──198／no.183 二日酔い、寝て過ごす元日 ──199／no.184 週番号と「名前の日」 ──200／no.185 便利なリサイクルシステム ──201／no.186 市民を元気づける光の祭典 光のアートフェスティバル ──202／no.187 安全があってこその幸せ 徴兵制 ──203／no.188 一生に一度は見たい風景 オーロラ ──204／no.189 たっぷりの生クリームを頬張る ラスキアイスプッラ ──205／no.190 四角いパンケーキ ──206／no.191 雪をかぶったヘルシンキ大聖堂 ──207／no.192 冬のごちそう、蕎麦粉のパンケーキ ──208／no.193 マイナス30度の世界 ──209／no.194 凍ったバルト海を歩く冒険 ──210／no.195 みんなでつくる氷のお城 ──211／no.196 バルト海で活躍する砕氷船 ──212／no.197 デザインのモチーフは自然から ──213／no.198 森のなかの療養所 パイミオ・サナトリウム ──214／no.199 円柱形のおいしいタルト ルーネベリタルト ──215／no.200 大規模な地下空間、普段の様子 備える日 ──216／no.201 キシリトールは子どもの頃から ──217／no.202 氷のキャンドルホルダーをつくる ──218

Kevättalvi 晚冬

no.203 みんなが楽しめる友だちの日 バレンタインデー ……220／no.204 体をあたためるスパイス カルダモン ……221／no.205 長く愛されるファッツェルブルー ……222／no.206 元刑務所がホテルに変身 ホテル・カタヤノッカ ……223／no.207 ラップランドでトナカイに出会う ……224／no.208 幻想的な樹氷の世界 コリ国立公園 ……225／no.209 極寒の森のなかを滑る スキー休暇 ……226／no.210 冬はおいしいスープであたたまる サーモンスープ ……227／no.211 黒いキャンディが大好物 ……リコリス、サルミアッキ 228／no.212 体の力を抜いて歩くことが大事 ……229／no.213 ヘルシンキの老舗レストランで サヴォイ ……230／no.214 日常使いのアアルトベース ……231／no.215 何度も冬に逆戻りしながら タカタルヴィ ……232／no.216 春の日差し、光の復活を喜ぶ ……233

ラサネン優子　Yuko Räsänen

1982年生まれ。15歳で渡英。高校と大学教育の7年間、ロンドンで暮らす。2011年夏に訪れたフィンランドの自然とライフスタイルに魅了され、現地企業で仕事を得て、単身移住。2015年より、ヘルシンキ市内の自然が美しいラウッタサーリ島在住。コーディネーションオフィスを経営し、メディアや企業視察などフィンランド及びヨーロッパと日本をつなぐコミュニケーション全般に携わる。また、エッセイスト、ライターとして、雑誌や書籍でフィンランドの社会やライフスタイル、暮らしの様子を執筆。著書に『デザインあふれる森の国フィンランドへ 最新版』（イカロス出版）がある。YouTubeチャンネル「Moi Finland」にて、ヘルシンキの街歩きや自然など、癒しの風景を美しい映像で配信している。

https://www.yukorasanen.fi

文・写真　　ラサネン優子
デザイン　　塚田佳奈（ME&MIRACO）
DTP　　　丸山結里
マップ　　　ZOUKOUBOU
校正　　　　坪井美穂
編集　　　　鈴木利枝子

季節で綴るフィンランド216
魅力あるカルチャーと自然とともに暮らすおだやかな日常

2025年4月20日　初版第1刷発行

著　者　　　ラサネン優子
発行人　　　山手章弘
発行所　　　イカロス出版株式会社
　　　　　　〒101-0051 東京都千代田区神田神保町1-105
　　　　　　tabinohint@ikaros.co.jp（内容に関するお問合せ）
　　　　　　sales@ikaros.co.jp（乱丁・落丁、書店・取次様からのお問合せ）
印刷・製本　　株式会社シナノパブリッシングプレス

乱丁・落丁はお取り替えいたします。
本書の無断転載・複写は、著作権上の例外を除き、
著作権侵害となります。
定価はカバーに表示してあります。
©2025 Yuko Rasanen All rights reserved.
Printed in Japan　ISBN978-4-8022-1592-3

※海外への旅行・生活は自己責任で行うべきものであり、本書に掲載された情報を利用した結果、何らかのトラブルが生じたとしても、著者および出版社は一切の責任を負いません。